DIREITO DO TRABALHO
NO STF

19

GEORGENOR DE SOUSA FRANCO FILHO

*Desembargador Federal do Trabalho do Tribunal Regional do Trabalho da 8ª Região.
Doutor em Direito pela Faculdade de Direito da Universidade de São Paulo.
Doutor Honoris Causa e professor titular de Direito Internacional e de
Direito do Trabalho da Universidade da Amazônia. Presidente Honorário da Academia
Brasileira de Direito do Trabalho. Membro da Academia Paraense de Letras.*

DIREITO DO TRABALHO NO STF

19

LTr 80

LTr®
EDITORA LTDA.

© Todos os direitos reservados

Rua Jaguaribe, 571
CEP 01224-003
São Paulo, SP — Brasil
Fone (11) 2167-1101
www.ltr.com.br

Maio, 2016

versão impressa — LTr 5450.4 — ISBN 978-85-361-8833-1
versão digital   — LTr 8934.7 — ISBN 978-85-361-8826-3

Produção Gráfica e Editoração Eletrônica: GRAPHIEN DIAGRAMAÇÃO E ARTE
Projeto de Capa: FABIO GIGLIO
Impressão: PAYM GRÁFICA E EDITORA

Dados Internacionais de Catalogação na Publicação (CIP)
(Câmara Brasileira do Livro, SP, Brasil)

Franco Filho, Georgenor de Sousa
    Direito do trabalho no STF, 19 / Georgenor de Sousa Franco Filho. — São Paulo : LTr, 2016.

    Bibliografia

    1. Direito do trabalho 2. Direito do trabalho — Brasil 3. Brasil. Supremo Tribunal Federal I. Título.

16-02645   CDU-34:331:347.991(81)

Índices para catálogo sistemático:
1. Brasil : Direito do trabalho : Supremo Tribunal Federal   34:331:347.991(81)

PRINCIPAIS OBRAS DO AUTOR

De autoria exclusiva

1. *Direito do mar.* Belém: Imprensa Oficial do Estado do Pará, 1974 (esgotado).
2. *A proteção internacional aos direitos humanos.* Belém: Imprensa Oficial do Estado do Pará, 1975 (esgotado).
3. *O Pacto Amazônico:* ideias e conceitos. Belém: Falângola, 1979 (esgotado).
4. *Imunidade de jurisdição trabalhista dos entes de direito internacional público* (Prêmio "Oscar Saraiva" do Tribunal Superior do Trabalho). São Paulo: LTr, 1986 (esgotado).
5. *Na vivência do direito internacional.* Belém: Cejup, 1987 (esgotado).
6. *Na Academia:* imortal por destino. Mosaico cultural (em colaboração). Belém: Falângola, 1987 (esgotado).
7. *Guia prático do trabalho doméstico.* Belém: Cejup, 1989 (esgotado).
8. *A arbitragem e os conflitos coletivos de trabalho no Brasil.* São Paulo: LTr, 1990 (esgotado).
9. *Liberdade sindical e direito de greve no direito comparado (lineamentos).* São Paulo: LTr, 1992 (esgotado).
10. *Relações de trabalho na Pan-Amazônia: a circulação de trabalhadores* (Tese de Doutorado na Faculdade de Direito da Universidade de São Paulo). São Paulo: LTr, 1996.
11. *A nova lei de arbitragem e as relações de trabalho.* São Paulo: LTr, 1997.
12. *Globalização & desemprego:* mudanças nas relações de trabalho. São Paulo: LTr, 1998.
13. *Direito do trabalho no STF (1).* São Paulo: LTr, 1998.
14. *Competência Internacional da Justiça do Trabalho.* São Paulo: LTr, 1998.
15. *O servidor público e a reforma administrativa.* São Paulo: LTr, 1998.
16. *Direito do trabalho no STF (2).* São Paulo: LTr, 1999.
17. *Tratados internacionais.* São Paulo: LTr, 1999.
18. *Direito do trabalho no STF (3).* São Paulo: LTr, 2000.
19. *Globalização do trabalho:* rua sem saída. São Paulo: LTr, 2001.
20. *Direito do trabalho no STF (4).* São Paulo: LTr, 2001.
21. *Direito do trabalho no STF (5).* São Paulo: LTr, 2002.
22. *Direito do trabalho no STF (6).* São Paulo: LTr, 2003.
23. *Direito do trabalho no STF (7).* São Paulo: LTr, 2004.
24. *Ética, direito & justiça.* São Paulo: LTr, 2004.
25. *Direito do trabalho no STF (8).* São Paulo: LTr, 2005.
26. *Direito do trabalho no STF (9).* São Paulo: LTr, 2006.
27. *Trabalho na Amazônia:* a questão dos migrantes. Belém: Unama, 2006.
28. *Direito do trabalho no STF (10).* São Paulo: LTr, 2007.
29. *Direito do trabalho no STF (11).* São Paulo: LTr, 2008.

30. *Direito do trabalho no STF (12)*. São Paulo: LTr, 2009.
31. *Avaliando o direito do trabalho*. São Paulo: LTr, 2010.
32. *Direito do trabalho no STF (13)*. São Paulo: LTr, 2010.
33. *Direito do trabalho no STF (14)*. São Paulo: LTr, 2011.
34. *Direito do trabalho no STF (15)*. São Paulo: LTr, 2012.
35. *Direito do trabalho no STF (16)*. São Paulo: LTr, 2013.
36. *Direito do Trabalho no STF (17)*. São Paulo: LTr, 2014.
37. *Curso de direito do trabalho*. São Paulo: LTr, 2015. 2ª ed., 2016.
38. *Direito do Trabalho no STF (18)*. São Paulo, LTr, 2015.

Obras coordenadas

1. *Direito do trabalho e a nova ordem constitucional*. São Paulo: LTr, 1991. Da distinção entre atos de império e de gestão e seus reflexos sobre os contratos de trabalho celebrados com entes de Direito Internacional Público. p. 29-54 — sem ISBN.
2. *Curso de direito coletivo do trabalho (Estudos em homenagem ao Ministro Orlando Teixeira da Costa)*. São Paulo: LTr, 1998. Negociação coletiva transnacional. p. 291-307 — ISBN 85-7322-366-9.
3. *Presente e futuro das relações de trabalho (Estudos em homenagem ao Prof. Roberto Araújo de Oliveira Santos)*. São Paulo: LTr, 2000. Globalização, a Amazônia e as relações de trabalho. p. 242-257 — ISBN 85-7322-858X.
4. *Direito e processo do trabalho em transformação (*em conjunto com os Ministros Ives Gandra da Silva Martins Filho e Maria Cristina Irigoyen Peduzzi e os Drs. Ney Prado e Simone Lahorgue Nunes). São Paulo: Campus/Elsevier, 2007. Relações de trabalho passíveis de apreciação pela Justiça do Trabalho. p. 145-155 — ISBN 978-85-352-2432-0.
5. *Trabalho da mulher (Estudos em homenagem à jurista Alice Monteiro de Barros)*. São Paulo: LTr, 2009. Contratos de trabalho por prazo determinado e garantia de emprego da gestante, p. 177-184. ISBN 978-85-361-1364-7.
6. *Temas atuais de direito*. Rio de Janeiro, GZ, 2013. Deslocalização interna e internacional, p. 29-38. ISBN 978-85-62027-21-5.
7. *As lendas da Amazônia e o direito*. Rio de Janeiro, GZ, 2014. Prefácio explicativo, p. VII-VIII; Lendas, mitos, fábulas e contos populares, p. 1-3. ISBN 978-85-62027-39-0.
8. *Temas atuais de direito* (volume II). Rio de Janeiro, GZ, 2014. Danos ao trabalho e necessidade de reparação. p. 77-96. ISBN 978-85-62027-54-3.
9. *Direito Internacional do Trabalho*. O estado da arte sobre a aplicação das convenções internacionais da OIT no Brasil (co-organizador: Valério de Oliveira Mazzuoli). São Paulo, LTr, 2016. Incorporação e aplicação das convenções internacionais da OIT no Brasil, p. 15-23 (co-autoria: Valério de Oliveira Mazzuoli). ISBN 978-85-361-8711-2

Obras em coautoria

1. *Estudos de direito do trabalho* (*homenagem ao Prof. Júlio Malhadas*) (Coordenação: Profª Anna Maria de Toledo Coelho). Curitiba: Juruá, 1992. *Imunidade das organizações internacionais. Um aspecto da competência internacional da Justiça do Trabalho.* p. 294-303 — sem ISBN.
2. *Processo do trabalho (homenagem ao Prof. José Augusto Rodrigues Pinto)* (Coordenação: Dr. Rodolfo Pamplona Filho). São Paulo: LTr, 1997. *A nova sistemática do agravo de petição.* p. 369-378 — ISBN 85-7322-305-7.
3. *Estudos de direito do trabalho e processo do trabalho (homenagem ao Prof. J. L. Ferreira Prunes)* (Coordenação: Drs. Juraci Galvão Júnior e Gelson de Azevedo). São Paulo: LTr,

1998. *O princípio da dupla imunidade e a execução do julgado contrário a ente de Direito Internacional Público.* p. 80-92 — ISBN 85-3722-385-5.

4. *Manual de direito do trabalho* (homenagem ao Prof. *Cássio Mesquita Barros Júnior*) (Coordenação: Dr. Bento Herculano Duarte Neto). São Paulo: LTr, 1998. *Suspensão do Trabalho — Suspensão e interrupção.* p. 325-336 — ISBN 85-7322-380-4.

5. *Direito internacional no Terceiro Milênio* (homenagem ao Prof. *Vicente Marotta Rangel*) (Coordenação: Profs. Luiz Olavo Baptista e J. R. Franco da Fonseca). São Paulo: LTr, 1998. *Considerações acerca da Convenção Internacional sobre a Proteção do Trabalhador Migrante.* p. 653-665 — ISBN 85-7322-417-7.

6. *Direito do trabalho* (homenagem ao Prof. *Luiz de Pinho Pedreira da Silva*) (Coordenação: Drs. Lélia Guimarães Carvalho Ribeiro e Rodolfo Pamplona Filho). São Paulo: LTr, 1998. *Importância do direito internacional para o direito do trabalho.* p. 71-77 — ISBN 85-7233-545-9.

7. *Estudos de direito* (homenagem ao Prof. *Washington Luiz da Trindade*) (Coordenação: Drs. Antônio Carlos de Oliveira e Rodolfo Pamplona Filho). São Paulo: LTr, 1998. *Imunidade de jurisdição dos entes de direito público externo.* p. 448-455 — ISBN 85-7322-539-4.

8. *Direito sindical brasileiro* (homenagem ao Prof. *Arion Sayão Romita*) (Coordenação: Dr. Ney Prado). São Paulo: LTr, 1998. *Contribuições sindicais e liberdade sindical.* p. 144-152 — ISBN 85-7322-543-2.

9. *Ordem econômica e social* (homenagem ao Prof. *Ary Brandão de Oliveira*) (Coordenação: Dr. Fernando Facury Scaff). São Paulo: LTr, 1999. *Trabalho infantil.* p. 139-143 — ISBN 85-7322-632-3.

10. *Fundamentos do direito do trabalho* (homenagem ao Ministro *Milton de Moura França*) (Coordenação: Drs. Francisco Alberto da Motta Peixoto Giordani, Melchíades Rodrigues Martins e Tárcio José Vidotti). São Paulo: LTr, 2000. *Unicidade, unidade e pluralidade sindical. Uma visão do Mercosul.* p. 122-130 — ISBN 85-7322-857-1.

11. *Temas relevantes de direito material e processual do trabalho* (homenagem ao Prof. *Pedro Paulo Teixeira Manus*) (Coordenação: Drs. Carla Teresa Martins Romar e Otávio Augusto Reis de Sousa). São Paulo: LTr, 2000. *Execução da sentença estrangeira.* p. 66-73 — ISBN 85-7322-883-0.

12. *Os novos paradigmas do direito do trabalho* (homenagem ao Prof. *Valentin Carrion*) (Coordenação: Drª Rita Maria Silvestre e Prof. Amauri Mascaro Nascimento). São Paulo: Saraiva, 2001. *A legislação trabalhista e os convênios coletivos.* p. 281-287 — ISBN 85-02-03337-9.

13. *O direito do trabalho na sociedade contemporânea* (Coordenação: Dras. Yone Frediani e Jane Granzoto Torres da Silva). São Paulo: Jurídica Brasileira, 2001. *A arbitragem no direito do trabalho.* p. 140-148 — ISBN 85-8627-195-0.

14. *Estudos de direito constitucional* (homenagem ao Prof. *Paulo Bonavides*) (Coordenação: Dr. José Ronald Cavalcante Soares). São Paulo: LTr, 2001. *Identificação dos direitos humanos.* p. 119-126 — ISBN 85-361-163-6.

15. *O direito do trabalho na sociedade contemporânea (II)* (Coordenação: Profa. Yone Frediani). São Paulo: Jurídica Brasileira, 2003. *A Convenção n. 132 da OIT e seus reflexos nas férias.* p. 66-73 — ISBN 85-7538-026-5.

16. *Constitucionalismo social* (homenagem ao Ministro *Marco Aurélio Mendes de Farias Mello*) (Coordenação: EMATRA-2ª). São Paulo: LTr, 2003. *Os tratados internacionais e a Constituição de 1988.* p. 171-180 — ISBN 85-3610-394-9.

17. *Recursos trabalhistas* (homenagem ao Ministro *Vantuil Abdala*) (Coordenação: Drs. Armando Casimiro Costa e Irany Ferrari). São Paulo: LTr, 2003. *Recurso extraordinário.* p. 55-65 — ISBN 85-3610-491-0.

18. *Relações de direito coletivo Brasil-Itália* (Coordenação: Yone Frediani e Domingos Sávio Zainaghi). São Paulo: LTr, 2004. *Organização sindical.* p. 175-180 — ISBN 85-3610-523-2.

19. *As novas faces do direito do trabalho (em homenagem a Gilberto Gomes)* (Coordenação: João Alves Neto). Salvador: Quarteto, 2006. *O triênio de atividade jurídica e a Resolução n. 11 do CNJ.* p. 143-155 — ISBN 85-8724-363-2.

20. *Curso de direito processual do trabalho (em homenagem ao Ministro Pedro Paulo Teixeira Manus, do Tribunal Superior do Trabalho)* (Coordenação: Hamilton Bueno). São Paulo: LTr, 2008. *Recursos trabalhistas.* p. 205-215 — ISBN 97-8853-6111-21.

21. *Jurisdição* — crise, efetividade e plenitude institucional (volume 2) (Coordenação: Luiz Eduardo Günther). Curitiba: Juruá, 2009. *Das imunidades de jurisdição e de execução nas questões trabalhistas.* p. 491-501 — ISBN 978-85-362-275-9.

22. *Direito internacional:* estudos em homenagem a Adherbal Meira Mattos (Coordenação: Paulo Borba Casella e André de Carvalho Ramos). São Paulo: Quartier Latin, 2009. *Os tratados sobre direitos humanos e a regra do art. 5º, § 3º, da Constituição do Brasil.* p. 523-532 — ISBN 85-7674-423-6.

23. *Meio ambiente do trabalho* (Coordenação: Elida Seguin e Guilherme José Purvin de Figueiredo). Rio de Janeiro: GZ, 2010. *Atuação da OIT no meio ambiente do trabalho; a Convenção n. 155.* p. 199-207 — ISBN 978-85-624-9048-4.

24. *Jurisdição* — crise, efetividade e plenitude institucional (volume 3) (Coordenação: Luiz Eduardo Günther, Willians Franklin Lira dos Santos e Noeli Gonçalves Günther). Curitiba: Juruá, 2010. *Prisão do depositário infiel na Justiça do Trabalho.* p. 529-540 — ISBN 978-85-362-3197-6.

25. *Contemporaneidade e trabalho (aspectos materiais e processuais; estudos em homenagem aos 30 anos da Amatra 8)* (Coordenação: Gabriel Velloso e Ney Maranhão). São Paulo: LTr, 2011. *Direito social ao lazer: entretenimento e desportos.* p. 17-23 — ISBN 878-85-361-1640-2.

26. *Atualidades do direito do trabalho (anais da Academia Nacional de Direito do Trabalho)* (Coordenação: Nelson Mannrich *et alii*). São Paulo: LTr, 2011. *O problema das prestadoras de serviço para financeiras e grupos econômicos bancários.* p. 229-233 — ISBN 978-85-361-2108-6.

27. *Dicionário brasileiro de direito do trabalho* (Coordenação: José Augusto Rodrigues Pinto, Luciano Martinez e Nelson Mannrich). São Paulo, LTr, 2013. Verbetes: *Adicional de penosidade, Auxílio-alimentação, Aviamento, Cônsul, Contrato de trabalho em tempo parcial, Contrato internacional de trabalho, Deslocalização, Direito ao lazer, Direito à felicidade, Direito comparado, Entes de direito internacional público externo, Estrangeiro, Licença-paternidade, Licença-prêmio, Missão diplomática, Missão especial, Organismo internacional, Paternidade, Pejotização, Penosidade, Quarteirização, Repartição consular, Representação comercial estrangeira, Representante diplomático, Salário retido, Serviço militar obrigatório, Termo prefixado, Trabalho em tempo integral, Trabalho em tempo parcial, Trabalho no exterior, Tratado internacional, Vale-transporte.* ISBN: 978-85-381-2589-3.

28. *Conciliação: um caminho para a paz social* (Coordenação: Luiz Eduardo Gunther e Rosemarie Diedrichs Pimpão). Curitiba: Juruá, 2013. *A arbitragem nas relações de trabalho.* p. 457-465. ISBN: 978-85-362-4056-5.

29. *Estudos aprofundados magistratura trabalhista* (Coordenação: Élisson Miessa e Henrique Correia). Salvador: Juspodivm, 2013. *Globalização... E depois???.* p. 115-123 — ISBN 857-76-1688-6.

30. 25 anos da Constituição e o direito do trabalho (Coodenação: Luiz Eduardo Gunther e Silva Souza Netto Mandalozzo). Curitiba: Juruá, 2013. *Sindicalismo no Brasil*, p. 237-250. ISBN 978-85-362-4460-0.

31. *Direitos fundamentais: questões contemporâneas* (Organização: Frederico Antônio Lima de Oliveira e Jeferson Antônio Fernandes Bacelar). Rio de Janeiro: GZ, 2014. *O direito social à felicidade.* p. 141-155 — ISBN 978-85-62027-44-4.

32. *Estudos aprofundados Magistratura Trabalhista* (volume 2) Coordenação: Élisson Miessa e Henrique Correia). Salvador: Juspodivm, 2014. *Deslocalização interna e internacional.* p. 187-197 — ISBN 854-42-0028-1.

33. *Os desafios jurídicos do século XXI: em homenagem aos 40 anos do curso de direito da UNAMA.* (Coordenação: Cristina Sílvia Alves Lourenço, Frederico Antonio Lima Oliveira e Ricardo Augusto Dias da Silva). São Paulo: PerSe, 2014. Recortes de um mundo globalizado. p. 142-150 — ISBN 978-85-8196-820-9.

34. *Ética e direitos fundamentais* (estudos em memória do Prof. Washington Luís Cardoso da Silva). Rio de Janeiro: LMJ Mundo Jurídico, 2014. Refúgios e refugiados climáticos. p. 137-143 — ISBN 978-85-62027-57-4.

35. *Doutrinas essenciais dano moral* (Vol. I — Teoria do dano moral e direitos da personalidade). (Organizador: Rui Stoco). São Paulo: Revista dos Tribunais, 2015. *O direito de imagem e o novo Código Civil,* p. 315-328 — ISBN 978-85-203-6180-1.

36. *Doutrinas essenciais dano moral* (Vol. IV — Questões diversas sobre dano moral). (Organizador: Rui Stoco). São Paulo: Revista dos Tribunais, 2015. *A prescrição do dano-moral trabalhista,* p. 999-1012 — ISBN 978-85-203-6183-2.

37. *Estudos aprofundados da Magistratura Trabalhista* (volume 2). Coordenação: Élisson Miessa e Henrique Correia). 2. ed. Salvador: Juspodivm, 2015. *Globalização... e depois?* p. 107-114; e *A Emenda Constitucional n. 81/2014 e trabalho forçado no Brasil.* p. 363-375 — ISBN 978-85-442-0527-3.

38. *Direito ambiental do trabalho.* Apontamentos para uma teoria geral (vol. 2) (Coordenadores: Guilherme Guimarães Feliciano, João Urias, Ney Maranhão e Valdete Souto Severo). São Paulo: LTr, 2015. Greve ambiental trabalhista, p. 203-209 — ISBN 978-85-361-8600-9.

Prefácios

1. *Limites do* jus variandi *do empregador,* da professora Simone Crüxen Gonçalves, do Rio Grande do Sul (São Paulo: LTr, 1997).

2. *Poderes do juiz do trabalho: direção e protecionismo processual,* do juiz do Trabalho da 21ª Região Bento Herculano Duarte Neto, do Rio Grande do Norte (São Paulo: LTr, 1999).

3. *O direito do trabalho na sociedade moderna* (obra póstuma), do ministro Orlando Teixeira da Costa, do Tribunal Superior do Trabalho de Brasília (São Paulo: LTr, 1999).

4. *Direito sindical,* do procurador do Trabalho José Claudio Monteiro de Brito Filho, do Pará (São Paulo: LTr, 2000).

5. *As convenções da OIT e o Mercosul,* do professor Marcelo Kümmel, do Rio Grande do Sul (São Paulo: LTr, 2001).

6. *O direito à educação e as Constituições brasileiras,* da professora Eliana de Souza Franco Teixeira, do Pará (Belém: Grapel, 2001).

7. *Energia elétrica: suspensão de fornecimento,* dos professores Raul Luiz Ferraz Filho e Maria do Socorro Patello de Moraes, do Pará (São Paulo: LTr, 2002).

8. *Discriminação no trabalho,* do procurador do Trabalho José Claudio Monteiro de Brito Filho, do Pará (São Paulo: LTr, 2002).

9. *Discriminação estética e contrato de trabalho,* da professora Christiane Marques, de São Paulo (São Paulo: LTr, 2002).

10. *O poeta e seu canto,* do professor Clóvis Silva de Moraes Rego, ex-governador do Estado do Pará (Belém, 2003).

11. *O direito ao trabalho da pessoa portadora de deficiência e o princípio constitucional da igualdade*, do juiz do Trabalho da 11ª Região Sandro Nahmias Mello, do Amazonas (São Paulo: LTr, 2004).

12. *A prova ilícita no processo do trabalho*, do juiz togado do TRT da 8ª Região Luiz José de Jesus Ribeiro, do Pará (São Paulo: LTr, 2004).

13. *Licença-maternidade à mãe adotante: aspectos constitucionais*, da juíza togada do TRT da 2ª Região e professora Yone Frediani, de São Paulo (São Paulo: LTr, 2004).

14. *Ventos mergulhantes,* do poeta paraense Romeu Ferreira dos Santos Neto (Belém: Pakatatu, 2007).

15. *Direito sindical*, 2. ed., do procurador do Trabalho da 8ª Região, prof. dr. José Claudio Monteiro de Brito Filho (São Paulo: LTr, 2007).

16. *A proteção ao trabalho penoso*, da professora Christiani Marques, da PUC de São Paulo (São Paulo: LTr, 2007).

17. *Regime próprio da Previdência Social*, da doutora Maria Lúcia Miranda Alvares, assessora jurídica do TRT da 8ª Região (São Paulo: NDJ, 2007).

18. *Meninas domésticas, infâncias destruídas*, da juíza do Trabalho da 8ª Região e professora Maria Zuíla Lima Dutra (São Paulo: LTr, 2007).

19. *Curso de direito processual do trabalho (em homenagem ao ministro Pedro Paulo Teixeira Manus, do Tribunal Superior do Trabalho)* (Coordenação: Hamilton Bueno). São Paulo: LTr, 2008.

20. *Competências constitucionais ambientais e a proteção da Amazônia*, da professora doutora Luzia do Socorro Silva dos Santos, juíza de Direito do Pará e Professora da Unama (Belém: Unama, 2009).

21. *Extrajudicialização dos conflitos de trabalho*, do professor Fábio Túlio Barroso, da Universidade Federal de Pernambuco (São Paulo: LTr, 2010).

22. *Polêmicas trabalhistas*, de Alexei Almeida Chapper, advogado no Estado do Rio Grande do Sul (São Paulo: LTr, 2010).

23. *Teoria da prescrição das contribuições sociais da decisão judicial trabalhista*, do juiz do Trabalho da 8ª Região Océlio de Jesus Carneiro Morais (São Paulo: LTr, 2013).

24. *Estudos de direitos fundamentais*, obra coletiva organizada pela professora Andreza do Socorro Pantoja de Oliveira Smith (São Paulo: Perse, 2013).

*Vivemos em uma sociedade em que
a solução que queremos levar aos outros
se transformou nos nossos problemas.*

Edgar Morin *(A via para a futuro da humanidade,
Rio de Janeiro, Bertrand Brasil, 2013, p. 32)*

*Em memória de três grandes nomes
do Direito Brasileiro do Trabalho,*
Amauri Mascaro Nascimento,
Armando Casimiro Costa *e*
Arnaldo Lopes Süssekind.

*A
Elza,
com amor.*

SUMÁRIO

INTRODUÇÃO 15

PARTE I — DIREITOS INDIVIDUAIS.. 17
   1. Abono salarial 19
   2. Aprendiz. Tempo de serviço 28
   3. Conselhos profissionais. Regime de contratação de empregados 38
   4. Contribuição ao senar. Incidência 40
   5. Convenção n. 158. Denúncia. Inconstitucionalidade 42
   6. Débitos trabalhistas. Correção. Índice 48
   7. Décimo terceiro salário. Antecipação para aposentados e pensionistas 62
   8. Dispensa incentivada. Validade de cláusula de renúncia 64
   9. FGTS 66
  10. Ministério Público Estadual. Anotação de dados na CTPS ... 70
  11. Seguro-desemprego. Critério de concessão 72
  12. Trabalhador avulso. Horas extras 74

PARTE II — DIREITOS COLETIVOS 81
   1. Dissídio coletivo 83
   2. Sindicato. Ilegitimidade para ajuizamento. ADIn. 85

PARTE III — DIREITO PROCESSUAL 87
   1. Competência 89
   2. Embargos de declaração. Erro de julgamento 104

PARTE IV — SERVIÇO PÚBLICO.. 107
1. Abono de permanência. Suspensão de decisão do T.C.U. ... 109
2. Concurso público. Banca examinadora. Não interferência do Poder Judiciário 113
3. Empregado público. Dispensa após aposentadoria. Reintegração 114
4. Greve 121
5. Magistratura. Idade-limite para ingresso............................ 128
6. Médico. Servidor público. Jornada de trabalho.................. 130
7. Servidor público 137

PARTE V — PREVIDÊNCIA SOCIAL... 149
1. Aposentadoria. Aluno-aprendiz. Decisão do T.C.U. 151
2. Aposentadoria especial. Servidor público. Súmula Vinculante n. 33 153
3. Benefícios previdenciários. Critérios de concessão 156
4. Contribuição previdenciária 167

PARTE VI — OUTROS TEMAS... 171
1. Pensão alimentícia. Fixação em salários mínimos 173
2. Súmulas vinculantes do STF sobre matéria trabalhista 174

Índices 181
Índice geral 183
Índice dos julgados publicados na coletânea 185
Índice dos ministros do STF — prolatores dos julgados citados... 207
Índice temático 211

INTRODUÇÃO

Esta coletânea aproxima-se de sua segunda década de ininterrupta circulação. Mais uma vez, apresentamos, com o selo da LTr Editora, o DIREITO DO TRABALHO NO STF, em seu volume 19.

Em média, a cada ano, examinamos cinquenta decisões relevantes da Suprema Corte brasileira sobre Direito do Trabalho e disciplinas correlatas. Ao longo desses quase vinte anos, inúmeros temas palpitantes de que o Excelso Pretório cuidou estão selecionados nas páginas destes volumes todos.

É uma tarefa cuidadosa, que se sucede a cada ano, e que tento desenvolver com a única preocupação de deixar os leitores adequadamente informados do pensamento dominante na Alta Corte, acerca de assuntos de alta indagação jurídica, que causam apreensão na sociedade e preocupam os operadores do direito, por vezes com dificuldades para encontrar alguma decisão de que necessitem para fundamentar seus arrazoados ou suas decisões.

Este tem sido o objetivo de DIREITO DO TRABALHO NO STF, que encaminho aos estudiosos do Brasil, a cada ano, seguindo as recomendações do sempre lembrado *mecenas* do Direito do Trabalho Armando Casimiro Costa.

No volume deste ano, o n. 19, chamo a atenção para importantes julgados do STF envolvendo a denúncia da Convenção n. 158 da OIT, a competência para decidir sobre trabalho artístico de menor, a continuidade da relação de trabalho após a aposentadoria espontânea de empregado público e a divulgação virtual dos vencimentos dos servidores do Estado, dentre outros temas relevantes.

Reitero meus agradecimentos a minha família, representada por Elza, minha mulher e companheira de quase quarenta anos, e aos amigos da LTr, nas pessoas de Manoel e Armandinho Casimiro Costa Filho, nessa sempre grande e muito amada São Paulo, pelo acolhimento de mais de três décadas.

Belém, janeiro de 2016.

Georgenor de Sousa Franco Filho

**PARTE I
DIREITOS INDIVIDUAIS**

1. ABONO SALARIAL

Por meio da ADPF 355-DF[1], o Partido da Social Democracia Brasileira (PSDB) questionou resolução do CODEFAT, que estendeu até março de 2016 o pagamento do abono salarial de 2015, devido aos trabalhadores que, participantes do PIS/PASEP, recebem até dois salários mínimos. O relator dessa arguição é o ministro Gilmar Mendes, porém foi o presidente do STF, ministro Ricardo Lewandowski, quem despachou a medida cautelar. Em sua decisão, de 29.7.2015, consignou:

> *Trata-se de arguição de descumprimento de preceito fundamental, com pedido de medida liminar, proposta pelo Partido da Social Democracia Brasileira — PSDB — contra a Resolução 748, de 2/7/2015, do Conselho Deliberativo do Fundo de Amparo ao Trabalhador — CODEFAT, que "disciplina o pagamento do Abono Salarial referente ao exercício de 2015/2016".*
>
> *A arguição ora em exame impugna, mais especificamente, os cronogramas de pagamento do abono salarial assegurado aos participantes do Programa de Integração Social — PIS — e do Programa de Formação do Patrimônio do Servidor Público — PASEP —, constantes, respectivamente, dos Anexos I e II da resolução acima indicada.*
>
> *De acordo com o cronograma previsto para os empregados vinculados ao PIS (Anexo I da Resolução 748/2015), os pagamentos do abono começarão a ser efetuados, a partir de 22/7/2015, para os beneficiados nascidos no mês de julho, estendendo-se, para os aniversariantes dos meses seguintes, até 17/3/2016. A data-limite*

---

[1] MC na ADPF n. 355-DF, de 29.7.2015 (Partido da Social Democracia Brasileira — PSDB. Intdo.: Conselho Deliberativo do Fundo de Amparo ao Trabalhador — CODEFAT). Rel.: ministro Gilmar Mendes.

estipulada para o recebimento do abono por todos os beneficiários é 30/6/2016.

Da mesma forma, a programação de pagamento do abono aos participantes do PASEP (Anexo II da Resolução 748/2015) também se inicia, para os detentores de inscrição com final zero, a partir de 22/7/2015, sucedendo-se, em ordem crescente de numeração final de inscrição, até 17/3/2016. A data-limite para o pagamento foi igualmente fixada em 30/6/2016.

A agremiação partidária arguente, após extensa defesa pelo cabimento da ADPF, alega, em síntese, que o art. 239, § 3º, da Carta Magna assegura o pagamento de um salário mínimo anual aos empregados que percebem até dois salários mínimos de remuneração mensal de empregadores que contribuem para o PIS ou para o PASEP.

Assevera que o ato ora contestado deixou de observar a anualidade expressamente imposta para o recebimento do abono salarial. Argumenta que o pagamento do abono, a despeito de estar "integralmente previsto para o exercício financeiro de 2015", teria sido indevidamente fracionado e parcialmente transportado para o ano de 2016.

Defende que o CODEFAT, ao proceder dessa forma,

> *"fez com que um grande contingente de trabalhadores que fazem jus ao recebimento do abono salarial, e [que] contam com a sua percepção ainda no exercício financeiro de 2015, passem a receber o benefício tão somente no exercício de 2016, ao arrepio do comando inserto no § 3º do art. 239 da Constituição Federal".*

Afirma que, ao se adiar parte do pagamento do abono salarial previsto para o exercício de 2015, deixando-se, por conseguinte, "de atuar com a estrita observância da anualidade ínsita ao benefício", teriam sido lesionados preceitos fundamentais concretizadores do princípio da socialidade, consubstanciados, além do que previsto no art. 239, § 3º, da Constituição, no valor social do trabalho (art. 1º, IV, da CF), na promoção do bem de todos (art. 3º, IV, da CF), na existência de outros direitos dos trabalhadores, além do rol inscrito no art. 7º da Carta Magna, que visem à melhoria de sua condição social (art. 7º, caput, da CF) e na valorização do trabalho humano (art. 170, caput, da CF).

Destaca, por último, que a transferência dos pagamentos para o ano de 2016 já se encontra juridicamente aperfeiçoada, razão pela qual se mostraria imperioso impedir "imediatamente que essa lesão a preceitos fundamentais se perpetue, em prejuízo dos direitos de um contingente de trabalhadores que seguramente alcança a casa dos milhões". Requer, ao final, a concessão de medida liminar que determine

> *"a suspensão da eficácia das tabelas de pagamento constantes nos Anexos I e II da Resolução CODEFAT nº 748, de 2 de julho de 2015, na parte em que preveem o pagamento do abono salarial aos participantes do Programa de Integração Social — PIS — e do Programa de Formação do Patrimônio do Servidor Público — PASEP — a partir dos meses de janeiro, fevereiro e março de 2016 e até o dia 30 de junho de 2016, determinando-se ao órgão responsável por sua edição que os pagamentos previstos para os primeiros meses de 2016 sejam remanejados e efetivamente pagos no exercício financeiro de 2015".*

Pugna, no mérito, pela declaração de inconstitucionalidade da Resolução CODEFAT 748/2015.

É o relatório. Decido.

O art. 5º, § 1º, da Lei 9.882/1999 autoriza expressamente que, no período de recesso, o pedido de medida cautelar formulado em arguição de descumprimento de preceito fundamental seja excepcionalmente apreciado por decisão monocrática do presidente desta Corte — a quem compete decidir sobre questões urgentes no período de recesso ou de férias, nos termos do art. 13 VIII do RISTF.

Assim, sem prejuízo de uma análise ulterior pelo relator quanto ao cabimento desta ADPF, passo ao exame do pedido de liminar.

Consigno, de início, que o arguente busca, em última análise, elastecer o alcance da expressão "salário mínimo anual" contida no art. 239, § 3º, da Constituição Federal, de modo que (i) os empregados beneficiados tenham direito ao recebimento de um abono salarial a cada período de um ano e, ainda, que (ii) a totalidade dos pagamentos desse benefício ocorra dentro de um mesmo ano civil ou de um mesmo exercício financeiro. Esse é o teor do dispositivo ora em exame:

> *"Art. 239. A arrecadação decorrente das contribuições para o Programa de Integração Social, criado pela Lei Complementar nº 7, de 7 de setembro de 1970, e para o Programa de Formação do Patrimônio do Servidor Público, criado pela Lei Complementar nº 8, de 3 de dezembro de 1970, passa, a partir da promulgação desta Constituição, a financiar, nos termos que a lei dispuser, o programa do seguro-desemprego e o abono de que trata o § 3º deste artigo.*
>
> *(...)*
>
> *§ 3º **Aos empregados que percebam** de empregadores que contribuem para o Programa de Integração Social ou para o Programa de Formação do Patrimônio do Servidor Público, **até dois salários mínimos de remuneração mensal**, é **assegurado o pagamento de um salário mínimo anual**, computado neste valor o rendimento das contas individuais, no caso daqueles que já participavam dos referidos programas, até a data da promulgação desta Constituição" (grifei).*

Contudo, a interpretação ora pretendida, ao menos nesta análise perfunctória, própria das medidas em espécie, não parece encontrar guarida no texto constitucional, principalmente se considerado que a Carta de 1988, quando quis restringir um período de tempo a um determinado exercício financeiro, sempre o fez de maneira expressa (artigos 62, § 2º; 150, III, b; 165, § 2º; 167, parágrafos 1º e 2º, entre outros exemplos).

Além disso, um breve exame no histórico de pagamentos do abono salarial anual, desde sua regulamentação em 1990 até os dias atuais, demonstra que absolutamente nada de diferente foi trazido pela resolução ora impugnada.

Com efeito, após a edição da Lei 7.998, de 11/1/1990, que regulamentou o pagamento do abono salarial anual instituído pelo art. 239, § 3º, da Constituição Federal, o Conselho Deliberativo do Fundo de Amparo ao Trabalhador — CODEFAT — baixou a Resolução 4, de 26/7/1990, que estipulou, de forma inaugural, um cronograma para o pagamento do abono salarial referente ao ano de 1989. O normativo mencionado possui o seguinte teor:

> *"Resolução nº 4, de 26 de julho de 1990*
>
> *O CONSELHO DELIBERATIVO DO FUNDO DE AMPARO AO TRABALHADOR — CODEFAT, no uso das atribuições que lhe confere o artigo 19, inciso II, da Lei nº 7.998, de 11 de janeiro de 1990, e o artigo 3º, incisos III e XI, do Regimento Interno,*
>
> *RESOLVE:*
>
> *I — o abono salarial previsto no artigo 239, parágrafo 3º, da Constituição Federal, e no artigo 9º da Lei nº 7.998, de 11 de janeiro de 1990, **relativo ao ano-base de 1989**, será pago pelo Banco do Brasil e pela Caixa Econômica Federal, **de acordo com os cronogramas de pagamentos** constantes dos Anexos I e II, respectivamente;*
>
> *II — esta Resolução entra em vigor na data de sua publicação." (grifei)*

Veja-se, portanto, que o recebimento efetivo do abono salarial devido para o ano de 1989 somente ocorreu no ano seguinte, cujo pagamento para os empregados participantes do Programa de Integração Social — PIS, por exemplo, iniciou-se a partir de 7/11/1990 e finalizou-se até 30/4/1991 (Anexo II da Resolução CODEFAT 4/1990).

Assim, a sistemática de pagamento do abono salarial previsto no art. 239, § 3º, da Constituição de 1988 já foi inaugurada seguindo uma programação temporal que transpassava o segundo semestre de um determinado ano e o primeiro semestre do ano seguinte.

Na sequência, foram editadas pelo CODEFAT as Resoluções 6 e 7, ambas de 28/9/1990, nas quais foram estabelecidos os cronogramas de desembolso para o pagamento dos abonos relativos ao PIS e ao PASEP devidos no ano de 1990. O desembolso dos recursos destinados aos empregados vinculados ao PIS, por exemplo, iniciou-se em 1º/10/1990, tendo se prolongado até a data de 1º/4/1991.

A partir desse ponto, as resoluções editadas anualmente pelo CODEFAT passaram a disciplinar, de forma permanente, o pagamento do abono salarial, levando-se em conta cronogramas com datas iniciais na segunda parte de um ano e datas finais na primeira parte do ano seguinte, de modo que, no interregno de um ano, a totalidade dos empregados beneficiados tenham recebido os abonos salariais devidos.

Assim, tomando sempre como exemplo o abono decorrente das contribuições para o Programa de Integração Social — PIS, a execução do pagamento desse benefício pelo CODEFAT deu-se, até o presente momento, dentro dos seguintes marcos temporais (http://portal.mte.gov.br/codefat/abono-salarial.htm):

— 1991/1992 (Resolução 22, de 9/10/1991): pagamento do abono salarial iniciado em 18/11/1991 e finalizado até 30/4/1992;

— 1992/1993 (Resolução 33, de 26/8/1992): pagamento do abono salarial iniciado em 15/10/1992 e finalizado até 30/4/1993;

— 1993/1994 (Resolução 50, de 14/9/1993): pagamento do abono salarial iniciado em 14/10/1993 e finalizado até 18/4/1994;

— 1994/1995 (Resoluções 70, de 26/10/1994, e 78, de 16/4/1995): pagamento do abono salarial iniciado em 14/12/1994 e finalizado até 31/5/1995;

— 1995/1996 (Resoluções 94, de 18/10/1995, e 106, de 17/4/1996): pagamento do abono salarial iniciado em 13/12/1995 e finalizado até 31/5/1996;

— 1996/1997 (Resoluções 123, de 18/9/1996, e 137, de 3/4/1997): pagamento do abono salarial iniciado em 29/10/1996 e finalizado até 30/5/1997;

— 1997/1998 (Resoluções 147, de 1º/9/1997, 163, de 14/4/1998, e 166, de 13/5/1998): pagamento do abono salarial iniciado em 28/10/1997 e finalizado até 15/6/1998;

— 1998/1999 (Resolução 188, de 12/8/1998): pagamento do abono salarial iniciado em 22/9/1998 e finalizado até 30/4/1999;

— 1999/2000 (Resolução 213, de 29/7/1999): pagamento do abono salarial iniciado em 21/9/1999 e finalizado até 28/4/2000;

— 2000/2001 (Resolução 238, de 5/7/2000): pagamento do abono salarial iniciado em 29/8/2000 e finalizado até 27/4/2001;

— 2001/2002 (Resolução 263, de 23/5/2001): pagamento do abono salarial iniciado em 22/8/2001 e finalizado até 28/6/2002;

— 2002/2003 (Resoluções 284, de 5/7/2002, e 293, de 8/8/2002): pagamento do abono salarial iniciado em 12/9/2002 e finalizado até 30/6/2003;

— 2003/2004 (Resolução 329, de 1º/7/2003): pagamento do abono salarial iniciado em 13/8/2003 e finalizado até 30/6/2004;

— 2004/2005 (Resolução 395, de 12/7/2004): pagamento do abono salarial iniciado em 11/8/2004 e finalizado até 30/6/2005;

— 2005/2006 (Resolução 430, de 2/6/2005): pagamento do abono salarial iniciado em 10/8/2005 e finalizado até 30/6/2006;

— 2006/2007 (Resolução 499, de 29/6/2006): pagamento do abono salarial iniciado em 9/8/2006 e finalizado até 29/6/2007;

— 2007/2008 (Resolução 539, de 6/6/2007): pagamento do abono salarial iniciado em 8/8/2007 e finalizado até 30/6/2008;

— 2008/2009 (Resolução 579, de 24/6/2008): pagamento do abono salarial iniciado em 8/8/2008 e finalizado até 30/6/2009;

— 2009/2010 (Resolução 605, de 27/5/2009): pagamento do abono salarial iniciado em 11/8/2009 e finalizado até 30/6/2010;

— 2010/2011 (Resolução 645, de 27/5/2010): pagamento do abono salarial iniciado em 11/8/2010 e finalizado até 30/6/2011;

— 2011/2012 (Resolução 668, de 28/6/2011): pagamento do abono salarial iniciado em 11/8/2011 e finalizado até 29/6/2012;

— 2012/2013 (Resolução 695, de 28/6/2012): pagamento do abono salarial iniciado em 15/8/2012 e finalizado até 28/6/2013;

— 2013/2014 (Resolução 714, de 3/7/2013): pagamento do abono salarial iniciado em 13/8/2013 e finalizado até 30/6/2014;

— 2014/2015 (Resolução 731, de 11/6/2014): pagamento do abono salarial iniciado em 15/7/2014 e finalizado até 30/6/2015;

— 2015/2016 (Resolução 748, de 2/7/2015): pagamento do abono salarial iniciado em 22/7/2015 e a ser finalizado até 30/6/2016.

Veja-se, por todo o exposto, que o arguente busca obter, em sede liminar, a suspensão dos efeitos de ato normativo que estabelece um cronograma de pagamento do abono salarial baseado em sistemática ininterruptamente adotada pelo Conselho Deliberativo do Fundo de Amparo ao Trabalhador — CODEFAT — nos últimos 24 anos!

Nada recomenda, nesse momento, a interferência judicial precária em mecanismo de pagamento longevo, de abrangência nacional, e que vem atendendo a milhões de trabalhadores brasileiros sem contratempos ou prejuízos notoriamente conhecidos.

Isso posto, vislumbrada, nesse contato inicial, a inexistência de plausibilidade jurídica da pretensão deduzida, bem como do alegado periculum in mora, *indefiro o pleito de liminar.*

Nos termos do art. 5º, § 2º, da Lei 9.882/1999, solicitem-se informações à autoridade responsável pelo ato ora questionado. Após, ouça-se o advogado-geral da União e a Procuradoria Geral da República.

Publique-se.[2]

---

[2] Disponível em: <http://www.stf.jus.br/portal/processo/verProcessoAndamento.asp?incidente=4806620>. Acesso em: 12 nov. 2015.

2. APRENDIZ. TEMPO DE SERVIÇO

O tempo de trabalho na condição de aluno-aprendiz deve ser considerado como tempo de serviço para fins de concessão de aposentadoria. Assim ficou decidido no julgamento do MS n. 28.965-DF[1], em 23.9.2015, sendo relator o ministro Gilmar Mendes. A Corte de Contas possui a Súmula n. 96[2], que serviu de principal fundamento ao deferimento do pedido formulado por um professor adjunto da Universidade Federal de Alagoas.

O *decisum* tem o seguinte teor:

> *Trata-se de mandado de segurança impetrado por Aluizio Ferreira da Silva contra decisão da Primeira Câmara do Tribunal de Contas da União (Acórdão 0932-05/10-1) que, ao julgar ilegal o ato de aposentadoria do impetrante, determinou a supressão, em seus proventos, do pagamento do percentual relativo à URP de fevereiro/89 (26,05%) e ao resíduo decorrente da conversão dos salários para URV (3,17%), bem como desconsiderou o tempo de serviço como aluno-aprendiz para fins de aposentadoria, dando-lhe a opção de permanecer aposentado com proventos proporcionais ou retornar à atividade até completar o tempo exigido para a aposentadoria com proventos integrais.*
>
> *Sustenta-se que as mencionadas parcelas foram incorporadas aos seus proventos por decisão transitada em julgado (Reclamação*

---

[1] MS n. 28.965-DF, de 23.9.2015 (Aluízio Ferreira da Silva *vs.* Tribunal de Contas da União). Rel.: ministro Gilmar Mendes.

[2] A Súmula n. 96, de 25.11.1976 tem a seguinte redação: *Conta-se para todos os efeitos, como tempo de serviço público, o período de trabalho prestado, na qualidade de aluno-aprendiz, em Escola Pública Profissional, desde que comprovada a retribuição pecuniária à conta do Orçamento, admitindo-se, como tal, o recebimento de alimentação, fardamento, material escolar e parcela de renda auferida com a execução de encomendas para terceiros.*

Trabalhista 1573/89 e MS 2002.80.00.008777-6) e que não cabe ao Tribunal de Contas da União rever decisões judiciais.

Alega-se violação aos princípios da coisa julgada, do direito adquirido, da segurança jurídica e da irredutibilidade de vencimentos, tendo em vista que o impetrante estaria recebendo as referidas parcelas em decorrência de decisões judiciais transitadas em julgado.

Aduz-se, ainda, restar comprovado nos autos o tempo laborado como aluno-aprendiz, nos termos da jurisprudência consolidada na Súmula 96-T.C.U.

A União requereu seu ingresso no feito (fls. 143).

O Tribunal de Contas da União prestou informações (fls. 148/185).

Deferi parcialmente o pedido de medida liminar para determinar ao T.C.U. que considere o tempo que o impetrante trabalhou na condição de aluno-aprendiz para a concessão da sua aposentadoria (fls. 193/94).

Contra essa decisão, a União interpôs agravo regimental (fls. 207/214).

A Procuradoria-Geral da República manifestou-se pela concessão parcial da ordem.

Decido.

Inicialmente, defiro o pedido de ingresso da União no feito.

O mandamus *merece parcial acolhimento.*

No que toca à alegação de ofensa ao direito adquirido, à segurança jurídica e à irredutibilidade de vencimentos, a jurisprudência do Supremo Tribunal Federal firmou entendimento no sentido de que não há direito adquirido a regime jurídico referente à composição dos vencimentos de servidor público, desde que a modificação introduzida por lei superveniente preserve o montante nominal da remuneração e, em consequência, não acarrete redutibilidade de caráter pecuniário. Confira-se, a propósito, o seguinte precedente:

"AGRAVO REGIMENTAL NO RECURSO EXTRAOR-DINÁRIO COM AGRAVO. ADMINISTRATIVO. SERVIDOR

PÚBLICO. INEXISTÊNCIA DE DIREITO ADQUIRIDO A REGIME JURÍDICO. LEGITIMIDADE DE ALTERAÇÃO DA FÓRMULA DE CÁLCULO DA REMUNERAÇÃO, DESDE QUE RESPEITADA A IRREDUTIBILIDADE DE VENCIMENTOS. OCORRÊNCIA DE DECESSO REMUNERATÓRIO. NECESSIDADE DE REEXAME DO CONJUNTO FÁTICO-PROBATÓRIO DOS AUTOS E DE REANÁLISE DA LEGISLAÇÃO LOCAL. INCIDÊNCIA DAS SÚMULAS 279 E 280 DO STF. AGRAVO A QUE SE NEGA PROVIMENTO. I — A jurisprudência desta Corte firmou entendimento no sentido de que não há direito adquirido do servidor público a regime jurídico pertinente à composição dos vencimentos, desde que a eventual modificação introduzida por ato legislativo superveniente preserve o montante global da remuneração e, em consequência, não provoque decesso de caráter pecuniário. Precedentes. II — Para se chegar à conclusão contrária à adotada pelo Tribunal de origem quanto à ocorrência ou não do decesso remuneratório, seria necessária a reanálise da interpretação dada à norma infraconstitucional local (Lei distrital 4.479/2010), bem como o reexame do conjunto 2, documento assinado digitalmente conforme MP nº 2.200-2/2001 de 24/08/2001, que institui a Infraestrutura de Chaves Públicas Brasileira — ICP-Brasil. O documento pode ser acessado no endereço eletrônico http://www.stf.jus. br/portal/autenticacao/ sob o número 9467814. MS 28965/ DF fático-probatório dos autos, o que atrai a incidência das Súmulas 279 e 280 do STF. Precedentes. III — Agravo regimental a que se nega provimento." (ARE 772.833-AgR, Rel. Min. Ricardo Lewandowski, Segunda Turma, DJe 26.2.2014).

No caso em análise, o Tribunal de Contas da União afirmou que houve alteração na forma de composição da remuneração do impetrante, após o trânsito em julgado das sentenças, com a incorporação em definitivo dos percentuais pela lei, havendo, assim, modificação do contexto fático-jurídico em que foi prolatada. Confira-se:

"4. Não afronta a coisa julgada decisão do T.C.U. que afaste pagamentos oriundos de sentenças judiciais cujo suporte fático de aplicação já se tenha exaurido ou que não tenham determinado explicitamente a manutenção do pagamento do citado percentual após subsequente reajuste salarial. 5. Os pagamentos dos percentuais oriundos de planos econômicos não se incorporaram aos salários, tendo natureza de antecipação salarial, nos termos do Enunciado 322 do TST. Inexistência de direito adquirido da vantagem nos vencimentos de servidor federal. Precedentes STF. 6. A perpetuidade do pagamento de vantagem referente a plano econômico exige comando expresso na sentença, pelo fato de a lei vedar a sua extrapolação após a data-base. Inexistência de determinação explícita na sentença judicial no sentido do pagamento da vantagem relativa a URP de fevereiro de 1989 além do subsequente reajuste salarial. 7. Da mesma forma, a decisão judicial referente ao resíduo de 3,17% não determinou que esse percentual fosse pago além da data da reorganização ou reestruturação da carreira, o que, por certo, infringiria os termos do art. 10 da Medida Provisória nº 2.225-45/2001, de 4/7/2001. 8. As diversas leis de reajuste geral dos servidores federais aumentaram os vencimentos básicos dos servidores da Universidade Federal de Alagoas e, consequentemente, absorveram as parcelas relativas aos planos econômicos. 9. Inexistência de direito adquirido a regime de vencimentos. Vantagem salarial relativa ao regime celetista não estende seus efeitos ao período posterior ao enquadramento dos servidores no regime jurídico único, ressalvada, tão só, a irredutibilidade dos salários. Precedentes do STF." (fls. 148/149).

Sublinhe-se que esse entendimento se coaduna com a decisão proferida pelo Plenário do STF, no julgamento do RE 596.663 -RG, redator min. Teori Zavascki, DJe 26.11.2014, que assentou que *"a sentença que reconhece ao trabalhador ou servidor o direito a determinado percentual de acréscimo remuneratório deixa de ter eficácia a partir da superveniente incorporação definitiva do referido percentual nos seus ganhos"*.

Ademais, entendo que a consideração da questão não deve se limitar apenas a esse aspecto. Após o início do julgamento do MS 23.394/DF, rel. min. Sepúlveda Pertence (que atualmente aguarda o voto-vista da ministra Cármen Lúcia), o ministro Marco Aurélio trouxe uma nova perspectiva de análise do tema, que não considera o argumento de previsão de incorporação aos vencimentos de determinado reajuste como necessário e suficiente para que seja, de imediato, obrigatória a sua inserção nos cálculos dos proventos, sobretudo no momento de revisão do ato de concessão de aposentadoria pelo T.C.U. É que o título judicial, do qual se invoca a garantia da coisa julgada, normalmente não faz menção à incorporação aos proventos, mas se limita à relação jurídica em que a contraprestação é por meio de vencimentos, enquanto o servidor está em situação ativa.

Nesse sentido, a coisa julgada deveria ser invocada, a princípio para efeitos de pagamento de vencimentos, mas não significa, necessariamente, que essa proteção jurídica se estenda, desde logo, para o cálculo dos proventos, o qual deve ser analisado caso a caso, sob pena de reconhecer-se a perpetuação de um direito declarado a ponto de alcançar um instituto jurídico diverso: o instituto dos proventos.

Assim, constato que o ato impugnado, nessa parte, está em consonância com a atual jurisprudência do Supremo Tribunal Federal. Confiram-se, nesse sentido, precedentes de ambas as Turmas:

"I — CONSTITUCIONAL E ADMINISTRATIVO. SERVIDOR PÚBLICO. APOSENTADORIA DECLARADA ILEGAL PELO TRIBUNAL DE CONTAS DA UNIÃO. CÁLCULO DO ADICIONAL POR TEMPO DE SERVIÇO COM BASE NA REMUNERAÇÃO. DIREITO RECONHECIDO POR DECISÃO JUDICIAL COM TRÂNSITO EM JULGADO. SUPERVENIÊNCIA DE NOVO REGIME JURÍDICO. PERDA DA EFICÁCIA VINCULANTE DA DECISÃO JUDICIAL, EM RAZÃO DA ALTERAÇÃO DOS PRESSUPOSTOS FÁTICOS E JURÍDICOS QUE LHE DERAM SUPORTE. SUBMISSÃO À CLÁUSULA REBUS SIC STANTIBUS. INEXISTÊNCIA DE OFENSA À GARANTIA DA COISA JULGADA. NÃO COMPROVAÇÃO DE

VIOLAÇÃO À IRREDUTIBILIDADE DOS VENCIMENTOS. AGRAVO REGIMENTAL DA IMPETRANTE NÃO PROVIDO. 1. Ao pronunciar juízos de certeza sobre a existência, a inexistência ou o modo de ser das relações jurídicas, a sentença leva em consideração as circunstâncias de fato e de direito que se apresentam no momento da sua prolação. Tratando-se de relação jurídica de trato continuado, a eficácia temporal da sentença permanece enquanto se mantiverem inalterados esses pressupostos fáticos e jurídicos que lhe serviram de suporte (cláusula rebus sic stantibus*). Assim, não atenta contra a coisa julgada a superveniente alteração do estado de direito, em que a nova norma jurídica tem eficácia* ex nunc*, sem efeitos retroativos. 2. No caso, com o advento da Lei 8.112/1990, houve perda da eficácia vinculativa da sentença proferida nos autos da Ação Ordinária 9248005, não mais subsistindo o direito da impetrante ao cálculo do adicional por tempo de serviço com base em sua remuneração, não se caracterizando qualquer inconstitucionalidade no Acórdão T.C.U. 3.370/2006-2ª Câmara, especialmente no que diz respeito à garantia da coisa julgada. 3. Não há elementos probatórios suficientes que demonstrem ter havido, com a nova forma de cálculo do adicional por tempo de serviço, desrespeito ao princípio constitucional da irredutibilidade dos vencimentos. 4. Agravo regimental da impetrante a que se nega provimento. II — CONSTITUCIONAL E ADMINISTRATIVO. SERVIDOR PÚBLICO. APOSENTADORIA DECLARADA ILEGAL PELO TRIBUNAL DE CONTAS DA UNIÃO. NEGATIVA DE REGISTRO. BOA-FÉ DO SERVIDOR. DEVOLUÇÃO DOS VALORES INDEVIDAMENTE RECEBIDOS. TERMO INICIAL. DATA DA CIÊNCIA DA DECISÃO DO ÓRGÃO DE CONTAS. AGRAVO REGIMENTAL DA UNIÃO PROVIDO. 1. Havendo boa-fé do servidor público que recebe valores indevidos a título de aposentadoria, o termo inicial para devolução dos valores deve corresponder à data em que teve conhecimento do ato que considerou ilegal a concessão de sua aposentadoria. 2. Agravo regimental da União provido."* (MS 26.980-AgR, rel. min. Teori Zavascki, Segunda Turma, Dje 8.5.2014).

"MANDADO DE SEGURANÇA — APRECIAÇÃO, PELO TRIBUNAL DE CONTAS DA UNIÃO, DA LEGALIDADE DO ATO DE CONCESSÃO INICIAL DE APOSENTADORIA — DECISÃO JUDICIAL TRANSITADA EM JULGADO QUE RECONHECE A INCORPORAÇÃO, À REMUNERAÇÃO DA PARTE IMPETRANTE, DA VANTAGEM PECUNIÁRIA QUESTIONADA PELO T.C.U. — ADEQUAÇÃO DO COMANDO EMERGENTE DO ATO SENTENCIAL A SUPERVENIENTES — MODIFICAÇÕES DO ESTADO DE FATO OU DE DIREITO (CPC, ART. 471, I) — POSSIBILIDADE — PROVIMENTO JURISDICIONAL QUALIFICÁVEL COMO ATO DECISÓRIO INSTÁVEL (SENTENÇA "REBUS SIC STANTIBUS") — INOCORRÊNCIA DE TRANSGRESSÃO À AUTORIDADE DA COISA JULGADA MATERIAL — RESSALVA DA POSIÇÃO PESSOAL DO RELATOR DESTA CAUSA — OBSERVÂNCIA, CONTUDO, DO POSTULADO DA COLEGIALIDADE — RECURSO DE AGRAVO IMPROVIDO." (MS 33.426-AgR, Rel. Min. Celso de Mello, Segunda Turma, DJe 11.6.2015).

"EMBARGOS DE DECLARAÇÃO EM MANDADO DE SEGURANÇA. CONVERSÃO EM AGRAVO REGIMENTAL. ADMINISTRATIVO. ACÓRDÃO DO T.C.U. QUE DETERMINOU A EXCLUSÃO DE VANTAGEM ECONÔMICA RECONHECIDA POR DECISÃO JUDICIAL COM TRÂNSITO EM JULGADO (URP — 26,05% E PLANO BRESSER — 26,06%). COMPETÊNCIA CONSTITUCIONAL ATRIBUÍDA À CORTE DE CONTAS. MODIFICAÇÃO DE FORMA DE CÁLCULO DA REMUNERAÇÃO. INOCORRÊNCIA DE OFENSA AOS PRINCÍPIOS CONSTITUCIONAIS DA COISA JULGADA, DO DIREITO ADQUIRIDO E DA IRREDUTIBILIDADE DE VENCIMENTOS. DECADÊNCIA ADMINISTRATIVA NÃO CONFIGURADA. AGRAVO REGIMENTAL A QUE SE NEGA PROVIMENTO. 1. Os embargos de declaração opostos objetivando a reforma da decisão do relator, sempre que dotados de efeitos infringentes, devem ser convertidos em agravo regimental, que é o recurso cabível, por força do princípio da fungibilidade. (Precedentes: Pet 4.837-ED, rel. Min. CÁRMEN LÚCIA, Tribunal Pleno, DJ 14.3.2011; Rcl 11.022-ED, rel. Min. CÁRMEN LÚCIA, Tribunal Pleno, DJ 7.4.2011; AI 547.827-ED, rel. Min. DIAS TOFFOLI, 1ª Turma,

DJ 9.3.2011; RE 546.525-ED, rel. Min. ELLEN GRACIE, 2ª Turma, DJ 5.4.2011). 2. A garantia fundamental da coisa julgada (CRFB/88, art. 5º, XXXVI) não resta violada nas hipóteses em que ocorrerem modificações no contexto fático--jurídico em que produzida, como as inúmeras leis que fixam novos regimes jurídicos de remuneração. 3. As vantagens remuneratórias pagas aos servidores inserem-se no âmbito de uma relação jurídica continuativa, e, assim, a sentença referente a esta relação produz seus efeitos enquanto subsistir a situação fática e jurídica que lhe deu causa. A modificação da estrutura remuneratória ou a criação de parcelas posteriormente à sentença são fatos novos, não abrangidos pelos eventuais provimentos judiciais anteriores. 4. É cediço que a alteração, por lei, da composição da remuneração do agente público assegura-lhe somente a irredutibilidade da soma total antes recebida, assim concebido: os vencimentos e proventos constitucionais e legais. Precedentes: RE 563.965/RN-RG, Rel. Min. Cármen. Documento assinado digitalmente conforme MP nº 2.200-2/2001 de 24/08/2001, que institui a Infraestrutura de Chaves Públicas Brasileira — ICP-Brasil. O documento pode ser acessado no endereço eletrônico http://www.stf.jus.br/portal/autenticacao/ sob o número 9467814. MS 28965 / DF Lúcia, Tribunal Pleno, DJe 20.03.2009; MS 24.784, Rel. Min. Carlos Velloso, Tribunal Pleno, DJe 25.06.2004. 5. A decadência prevista no art. 54 da Lei 9.784/99 não se consuma no período compreendido entre o ato administrativo concessivo de aposentadoria ou pensão e o posterior julgamento de sua legalidade e registro pelo Tribunal de Contas da União, que consubstancia o exercício da competência constitucional de controle externo (CRFB/88, art. 71, III) —, porquanto o respectivo ato de aposentação é juridicamente complexo, e, apenas, se aperfeiçoa com o registro na Corte de Contas. Precedentes: MS 30.916, Rel. Min. Cármen Lúcia, 1ª Turma, DJe 8/6/2012; MS 25.525, Rel. Min. Marco Aurélio, Tribunal Pleno, DJe 19/3/2010; MS 25.697, Rel. Min. Cármen Lúcia, Tribunal Pleno, DJe 12/3/2010. 6. As URPs — Unidades de Referência de Preço — foram previstas visando a repor o poder aquisitivo de salários e vencimentos até a data-base da categoria, quando verificado o acerto de contas; entendimento sumulado pelo egrégio Tribunal Superior do Trabalho, verbis: "Súmula 322: Os reajustes salariais decorrentes dos chamados Gatilhos e URPs, previstos legalmente como antecipação, são devidos tão somente até a data-base de cada categoria." 7. Agravo regimental a que se nega provimento. (MS 30.537-ED, Rel. Min. Luiz Fux, Primeira Turma, DJe 4.3.2015).

No que toca à questão da contagem do tempo laborado como aluno-aprendiz para fins de aposentadoria, o Supremo Tribunal Federal consolidou entendimento no sentido da legalidade do cômputo do tempo de serviço prestado como aluno-aprendiz, nos casos em que a aposentadoria foi concedida sob a égide do entendimento anteriormente consolidado pelo T.C.U., consubstanciado na Súmula 96, em respeito aos princípios da segurança jurídica e da confiança legítima. Nesse sentido:

"MANDADO DE SEGURANÇA. TRIBUNAL DE CONTAS DA UNIÃO. ACÓRDÃO N. 188/2008. DETERMINAÇÃO DE RETORNO DO IMPETRANTE À ATIVIDADE PARA COMPLETAR O TEMPO NECESSÁRIO PARA APOSENTADORIA COM PROVENTOS INTEGRAIS, OU SUA PERMANÊNCIA, NA CONDIÇÃO DE APOSENTADO, COM PROVENTOS PROPORCIONAIS. LEGALIDADE DO CÔMPUTO DO PRAZO DE ALUNO-APRENDIZ EM ESCOLA TÉCNICA PARA APOSENTADORIA DO IMPETRANTE: PRECEDENTES. SEGURANÇA CONCEDIDA." (MS 27.185, Rel. Min. Cármen Lúcia, Pleno, Dje 12.3.2010).

"Agravo regimental em mandado de segurança. Ato do Tribunal de Contas da União. Cômputo do tempo laborado na condição de aluno-aprendiz. Princípio da segurança jurídica. Impossibilidade da aplicação ao caso concreto dos requisitos do Acórdão nº 2.024/2005. Agravo regimental não provido. 1. Mostra-se pacífico, no Supremo Tribunal Federal, o entendimento firmado pelo Plenário no sentido da legalidade do cômputo do tempo prestado como aluno-aprendiz nos casos de aposentadoria já concedida sob a égide de entendimento anteriormente consolidado, em virtude da necessária segurança jurídica das relações sociais consolidadas pelo tempo. Precedentes. 2. No presente caso, o impetrante teve sua *aposentadoria concedida em 8/5/98, quando ainda estava em plena vigência a Súmula nº 96 do Tribunal de Contas da União, e, portanto, preenchia os requisitos para que tivesse direito ao cômputo do tempo de serviço laborado como aluno-aprendiz. 3. Após o Acórdão nº 2.024/2005, o T.C.U. mudou a interpretação da Súmula nº 96, devendo ser aplicado o princípio da segurança jurídica, de acordo com a jurisprudência atual do Supremo Tribunal Federal. 4. Agravo regimental não provido." (MS 31.477-AgR, Rel. Min. Dias Toffoli, Primeira Turma, DJe 13.5.2015).*

No caso dos autos, a aposentadoria foi concedida em 11.7.2001 (Portaria 596, DOU 29.12.2001), data anterior ao acórdão 2.024/2005/T.C.U., no qual aquele tribunal mudou a interpretação até então conferida à Súmula 96 e passou a entender que o tempo laborado como aluno aprendiz poderia ser averbado, desde que comprovada a efetiva prestação de serviços.

Ademais, consta das certidões expedidas pela Escola Agrotécnica Federal de Satuba e pelo Colégio Agrícola Vidal de Negreiros/CFT/UFPB/Campus IV, juntadas aos autos às fls. 72/75, que o impetrante foi aluno-aprendiz entre 16.2.59 a 24.5.63, e entre 17.6.63 a 1º.12.65, respectivamente, totalizando o tempo de 6 anos, 8 meses e 27 dias, de serviço prestado, remunerado à conta do orçamento da União, consignado em rubrica própria, admitindo-se como tal o recebimento de alimentação, fardamento, material escolar e parcela de renda auferida de encomendas para terceiros.

Ante o exposto, com amparo nos arts. 38 da Lei 8.038/90 e 21, § 1º, do RISTF, confirmo a decisão liminar e concedo, em parte, a segurança, para determinar ao Tribunal de Contas da União a consideração do tempo de serviço laborado pelo impetrante na condição de aluno-aprendiz. Julgo prejudicado o agravo regimental interposto contra a decisão liminar.

Publique-se.[3]

---

[3] Disponível em: <file:///C:/Users/Microsoft/Downloads/texto_307810872.pdf>. Acesso em: 6 nov. 2015.

3. CONSELHOS PROFISSIONAIS.[1] REGIME DE CONTRATAÇÃO DE EMPREGADOS

Três ações tramitam no STF, objetivando que o Excelso Pretório esclareça o regime de contratação de empregados que deve ser adotado pelos Conselhos de Profissionais. A relatoria é da ministra Carmen Lúcia. Trata-se da ADC 36-DF[2], da ADIn 5.367-DF[3] e da ADPF 367-DF[4]. O registro noticioso é o seguinte:

> *A ministra Cármen Lúcia, do Supremo Tribunal Federal (STF), determinou o apensamento de ações que tratam da aplicação de regime de contratação celetista por conselhos profissionais. Assim, a Ação Declaratória de Constitucionalidade (ADC) 36, a Ação Direta de Inconstitucionalidade e a Arguição de Descumprimento de Preceito Fundamental (ADPF) 367 tramitarão e serão julgadas em conjunto.*
>
> *Na ADC 36, o Partido da República (PR) pede que o STF firme o entendimento de que o parágrafo 3º do artigo 58 da Lei Federal 9.649/1998, que determina a aplicação da Consolidação das Leis do Trabalho (CLT) aos empregados dos conselhos profissionais, não ofende princípio constitucional.*
>
> *Segundo a legenda, o regime jurídico previsto no artigo 39 da Constituição Federal para a Administração Pública Direta, as autarquias e fundações públicas não é compatível com as peculiaridades inerentes ao regime pessoal dos empregados das*

---

[1] Acerca de Conselhos Profissionais, v., nesta coletânea, v. 18, p. 20, 95 e 99.
[2] ADC n. 36-DF (Partido da República — PR. Intdos.: presidente da República e Congresso Nacional) Relatora: min. Cármen Lúcia.
[3] ADIn n. 5.367-DF (procurador-geral da República. Intdos.: Congresso Nacional e presidente da República). Rel.: min. Cármen Lúcia.
[4] ADPF n. 367-DF (procurador-geral da República Intdos.: Congresso Nacional e presidente da República). Rel.: min. Cármen Lúcia.

entidades de fiscalização profissional, uma vez que estes não integram a estrutura administrativa do Estado.

Já na ADI 5367 e na ADPF 367, o procurador-geral da República questiona dispositivos de leis que autorizam os conselhos de fiscalização profissional a contratar pessoal sob o regime da CLT. As ações pedem a declaração de inconstitucionalidade e a declaração de não recepção dos artigos atacados, respectivamente. Segundo o procurador-geral, o atual entendimento do artigo 39 da Constituição Federal é que seja adotado regime jurídico estatutário para servidores da administração direta, de autarquias e fundações da União, dos Estados, do Distrito Federal e dos Municípios.[5]

---

[5] Disponível em: <http://www.stf.jus.br/portal/cms/verNoticiaDetalhe.asp?idConteudo=300668>. Acesso em: 29 set. 2015.

4. CONTRIBUIÇÃO AO SENAR. INCIDÊNCIA

Foi reconhecida, em 26.3.2015, repercussão geral acerca da constitucionalidade da incidência da contribuição devida ao Serviço Nacional de Aprendizagem Rural (SENAR), cobrada sobre a receita bruta do produtor rural pessoa física, com alíquota de 0,2%. O tema é objeto do RE 816.830-SC[1], relatado pelo ministro Dias Toffoli.

O noticiário acerca da decisão do STF é o seguinte:

> *O Supremo Tribunal Federal (STF) irá analisar a constitucionalidade da incidência da contribuição ao Serviço Nacional de Aprendizagem Rural (SENAR), cobrada sobre a receita bruta do produtor rural pessoa física, com alíquota de 0,2%. O tema teve repercussão geral reconhecida por maioria de votos e será apreciado no julgamento do Recurso Extraordinário (RE) 816830, de relatoria do ministro Dias Toffoli.*
>
> *No recurso, um produtor rural questiona o fato de a contribuição ao Senar incidir sobre a receita bruta, enquanto a contribuição a outros integrantes do sistema "S" — como o Sistema Nacional de Aprendizagem Industrial (Senai) e o Sistema Nacional de Aprendizagem Comercial (Senac) — é cobrada sobre a folha de salários. A incidência da contribuição ao Senar afrontaria, segundo o pedido, o artigo 62 do Ato das Disposições Constitucionais Transitórias (ADCT), que prevê a criação do Senar nos moldes da legislação relativa ao Sesc e ao Senai.*
>
> *A base de cálculo ao Senar foi instituída inicialmente como sendo a folha de salários, segundo a Lei 8.315/1991, base substituída pela receita bruta com a edição da Lei 8.540/1992. O*

---

[1] RE 816.830-SC, de 26.3.2015. (Francisco Antonio Camargo *vs.* União). Rel.: min. Dias Toffoli.

ministro Dias Toffoli reconheceu que o tema precisa ser analisado pelo STF, ainda que haja precedentes sobre o assunto na casa.

"Evidencia-se a necessidade de se enfrentar o tema de fundo. A matéria transcende o interesse subjetivo das partes e possui grande densidade constitucional, estando, portanto, caracterizada a repercussão geral do tema, notadamente em seus aspectos jurídicos, econômicos e sociais."

No Plenário virtual, o Tribunal, por maioria, considerou o tema constitucional e reconheceu a existência de repercussão geral da questão suscitada.[2]

---

[2] Disponível em: <http://www.stf.jus.br/portal/cms/verNoticiaDetalhe.asp?idConteudo=288733>. Acesso em: 8 jun. 2015.

5. CONVENÇÃO N. 158[1]. DENÚNCIA. INCONSTITUCIONALIDADE

Tramita no STF há mais de 18 anos (desde junho de 1997) a ADIn 1.625-DF[2] que, até dezembro de 2015 não havia sido julgada e agora está com vista do ministro Teori Zavaski, após vista da ministra Rosa Weber. Inicialmente seu relator era o ministro Mauricio Correa, e o atual é o mininistro Luiz Fux. Nessa ADIn, a Confederação Nacional dos Trabalhadores da Agricultura (CONTAG) pretende seja declarada a inconstitucionalidade do Decreto n. 2.100/66, que dava conta da denúncia, pelo Brasil, da Convenção n. 158 da OIT, que cuida da cessação do contrato de trabalho por iniciativa do empregador.

A Convenção n. 158 foi objeto de muitas controvérsias na década de 90, durante o pouco tempo em que vigeu no Brasil (de 5.1.1995 a 20.11.1997). Em 20.11.1996, foi depositado o instrumento de denúncia do Brasil perante a diretoria geral da OIT, em Genebra, produzindo efeitos um ano depois.

O Decreto cuja inconstitucionalidade está sendo invocada tem o seguinte teor:

> Decreto n. 2.100, de 20 de dezembro de 1996.
>
> Torna pública a denúncia, pelo Brasil, da Convenção da OIT n. 158, relativa ao Término da Relação de Trabalho por Iniciativa do Empregador.
>
> O presidente da República torna público que deixará de vigorar para o Brasil, a partir de 20 de novembro de 1997, a

---

[1] V., sobre a Convenção n. 158, nesta coletânea, v. 1, p. 31, v. 2., p. 59, v. 5, p. 15, v. 7, p. 34, e v. 8, p. 17.

[2] ADIn n. 1.625-DF (Confederação Nacional dos Trabalhadores na Agricultura — CONTAG e outro vs. Presidente da República). Rel.: Min. Luiz Fux (sucessor do relator original, Min. Maurício Corrêa).

Convenção da OIT n. 158, relativa ao Término da Relação de Trabalho por Iniciativa do Empregador, adotada em Genebra, em 22 de junho de 1982, visto haver sido denunciada por nota do governo brasileiro à Organização Internacional do Trabalho, tendo sido a denúncia registrada, por esta última, a 20 de novembro de 1996.

Não há decisão do Pleno da Suprema Corte a respeito, porém, o último voto apresentado, pela ministra Rosa Weber, foi no sentido da inconstitucionalidade do ato presidencial. O noticiário acerca é o seguinte:

O Plenário do Supremo Tribunal Federal retomou, nesta quarta-feira (11), o julgamento da Ação Direta de Inconstitucionalidade (ADI) 1625, na qual a Confederação Nacional dos Trabalhadores da Agricultura (Contag) questiona o Decreto 2.100/1996, em que o presidente da República tornou pública a denúncia à Convenção 158 da Organização Internacional do Trabalho (OIT), que trata do término da relação de trabalho por iniciativa do empregador e veda a dispensa injustificada. Após o voto da ministra Rosa Weber, o ministro Teori Zavascki pediu vista.

O julgamento da ADI 1625 estava suspenso em razão de pedido de vista da ministra Ellen Gracie (aposentada). Sucessora de Ellen Gracie, a ministra Rosa Weber apresentou voto na sessão de hoje, pela inconstitucionalidade formal do decreto por meio do qual foi dada ciência da denúncia da convenção. A ministra destacou que o que se discute não é a validade da denúncia em si, mas do decreto, que implica a revogação de um tratado incorporado ao ordenamento jurídico como lei ordinária.

Seu voto partiu da premissa de que, nos termos da Constituição, leis ordinárias não podem ser revogadas pelo presidente da República, e o decreto que formaliza a adesão do Brasil a um tratado internacional, aprovado e ratificado pelo Congresso, equivale a lei ordinária. "A derrogação de norma incorporadora de tratado pela vontade exclusiva do presidente da República, a meu juízo, é incompatível com o equilíbrio necessário à preservação da independência e da harmonia entre os Poderes (artigo 2º da Constituição da República), bem como com a exigência do devido processo legal (artigo 5º, inciso LIV)", afirmou. *"Por isso, não se coaduna com o Estado Democrático de Direito."*

Convenção

Aprovada pela OIT em 1982, a Convenção 158 foi ratificada pelo Brasil por meio do Decreto Legislativo 68/1992 e do Decreto 1.855/1996. No Decreto 2.100/1996, o então presidente Fernando Henrique Cardoso formalizou a denúncia da norma internacional, tornando público que deixaria de ser cumprida no Brasil a partir de novembro de 1997.

Na ADI 1625, a Contag alega violação ao artigo 49, inciso I, da Constituição Federal, que atribui competência exclusiva ao Congresso Nacional para "resolver definitivamente sobre tratados, acordos ou atos internacionais que acarretem encargos ou compromissos gravosos ao patrimônio nacional". A confederação argumenta que a Convenção 158 foi aprovada e promulgada pelo Congresso Nacional, não cabendo, portanto, ao presidente da República editar decreto revogando a promulgação.

Julgamento

O exame da ADI 1625 foi iniciado em 2003, com o voto do relator, ministro Maurício Corrêa (falecido), pela procedência parcial da ação para dar interpretação conforme a Constituição ao decreto, para que ele só produza efeitos a partir da ratificação do ato pelo Congresso Nacional. Ele foi seguido pelo ministro Ayres Brito (aposentado). Em 2006, o ministro Nelson Jobim (aposentado) votou pela improcedência do pedido. Em 2009, o ministro Joaquim Barbosa trouxe voto-vista pela procedência total da ação — nos mesmos termos do voto proferido hoje pela ministra Rosa Weber.[3]

Acreditamos que o tema ainda será bastante debatido, valendo lembrar que, quando o Congresso Nacional autorizou o Poder Executivo a ratificar a Convenção n. 158, fê-lo sem qualquer tipo de reserva que viesse a interpretar como se procederia a formulação de reservas.

---

[3] Disponível em: <http://www.stf.jus.br/portal/cms/verNoticiaDetalhe.asp?idConteudo=303837>. Acesso em: 13 nov. 2015.

A regra existente é a do art. 17 da Convenção, que determina:

Art. 17. 1. Todo Membro que tenha ratificado a presente Convenção poderá denunciá-la ao expirar o prazo de dez anos, contados da data inicial da vigência da Convenção, por meio de um ato comunicado ao Diretor-Geral da Repartição Internacional do Trabalho e por ele registrado. A denúncia somente se tornará efetiva um ano após haver sido registrada.

2. Todo Membro que tenha ratificado a presente Convenção e que no prazo de um ano após o termo do período de dez anos, mencionado no parágrafo precedente, não houver feito uso da faculdade de denúncia prevista pelo presente artigo, ficará ligado por um novo período de dez anos e, posteriormente, poderá denunciar a presente Convenção ao termo de cada período de dez anos, nas condições previstas no presente artigo.

O comando convencional, a nosso ver, foi o observado pelo Brasil, pelo Poder Executivo, que é o competente para denunciar, e que seguiu a regra aprovada pelo Parlamento quando da autorização de ratificação do tratado.

Ademais, é sempre bom recordar que esta não é a primeira convenção internacional do trabalho que o Brasil denuncia. Ao contrário, já o fez pelo menos quatorze vezes[4], inclusive quando denunciou a Convenção n. 96, de 1949, que cuida de agências de colocação com fins lucrativos, ocorrida em 14.1.1972, com efeitos a partir de 14.1.1973, depois de viger entre nós desde 21.6.1957[5]. Qual a razão da denúncia à Convenção n. 96/1949, que combatia existência de agências de emprego com finalidade lucrativa? A promulgação futura no Brasil da Lei n. 6.019, de 3.1.1974 (menos de um ano após Convenção deixar de viger aqui). Essa Lei é a que dispõe sobre trabalho temporário nas empresas urbanas, justamente o que combatia a Convenção denunciada. Recordamos este fato porque, àquela época, ninguém, nenhuma entidade de trabalhadores, questionou a constitucionalidade do Decreto acerca da

---

[4] Cf. <http://www.ilo.org/dyn/normlex/es/f?p=1000:11200:2024628257617959::::P11200_INSTRUMENT_SORT:4>. Acesso em: 13 nov. 2015.

[5] Cf. <http://www.ilo.org/dyn/normlex/es/f?p=1000:11300:0::NO:11300:P11300_INSTRUMENT_ID:312241>. Acesso em: 13 nov. 2015.

vigência da convenção, cuja decisão do Executivo não foi examinada previamente pelo Poder Legislativo.

Poderá ser pretendido invocar que, à época, estavámos sob o império da Constituição de 1967, com a Emenda n. 1/1969. A regra sobre tratados era praticamente a mesma:

> Art. 44. É da competência exclusiva do Congresso Nacional:
> I — resolver definitivamente sôbre os tratados, convenções e atos internacionais celebrados pelo Presidente da República;

Trata-se, com efeito, do mesmo comando de agora na Constituição de 1988, verbis:

> Art. 49. É da competência exclusiva do Congresso Nacional:
> I — resolver definitivamente sobre tratados, acordos ou atos internacionais que acarretem encargos ou compromissos gravosos ao patrimônio nacional;

Feitas essas breves considerações, resulta, *data venia,* a nosso ver, plenamente desnecessária a oitiva do Congresso Nacional para que se processe qualquer denúncia a tratados internacionais ratificados pelo Brasil.

Mais recentemente, foi ajuizada a ADC 39-DF[6], cuja relatoria tocou ao ministro Luiz Fux, que igualmente é relator, por sucessão, da ADIn 1.625-DF. Nessa nova ação, é pretendida a declaração de constitucionalidade do Decreto presidencial objeto da ADIn anterior. A notícia a respeito é a seguinte:

> *A Confederação Nacional do Comércio de Bens, Serviços e Turismo (CNC) ajuizou no Supremo Tribunal Federal a Ação Declaratória de Constitucionalidade (ADC) 39, que tem por objeto o Decreto 2.100/1996, no qual o então presidente da República, Fernando Henrique Cardoso, comunicou a renúncia do Brasil ao*

---

[6] ADC 39-DF (Confederação Nacional do Comércio de Bens, Serviços e Turismo — CNC e outro(a/s) *vs.* Presidente da República). Rel.: Min. Luiz Fux.

cumprimento da Convenção 158 da Organização Internacional do Trabalho (OIT). O mesmo decreto é objeto da Ação Direta de Inconstitucionalidade (ADI) 1625.

Ao contrário da Confederação Nacional dos Trabalhadores da Agricultura (Contag), que sustenta que o Decreto 2.100/1996 viola o artigo 49, inciso I da Constituição da República, a CNC defende que o mesmo dispositivo constitucional não se aplica à ratificação da Convenção 158.

Segundo a confederação, a norma da OIT disciplina relações de direito privado entre empregadores e empregados, enquanto o artigo 49, inciso I, define a competência exclusiva do Congresso Nacional para resolver definitivamente sobre tratados e convenções internacionais "que acarretem encargos ou compromissos gravosos ao patrimônio nacional".

Sustentando haver dependência lógica entre as duas ações, a CNC pede que a ADC 39 seja julgada em conjunto com a ADI 1625, relatada originalmente pelo ministro Maurício Corrêa, já falecido.[7]

---

[7] Disponível em: <http://www.stf.jus.br/portal/cms/verNoticiaDetalhe.asp?idConteudo=304068&caixaBusca=N>. Avesso em: 16 nov. 2015.

6. DÉBITOS TRABALHISTAS. CORREÇÃO. ÍNDICE

Em sede de liminar, apreciando a RCL 22.012-RS[1], em 14.10.2015, o ministro Dias Toffoli deferiu a pretensão da Federação Nacional dos Bancos (FENABAN) mandando suspender os efeitos de resolução do TST, que, afastando o uso da Taxa Referencial Diária (TRD), mandou que fosse adotado o Índice de Preços ao Consumidor Amplo Especial (IPCA-E) para correção de débitos trabalhistas. Para o relator, a resolução do TST contraria o julgado nas ADIs 4.357-DF e 4.425-DF. A decisão é a seguinte:

Vistos.

Cuida-se de reclamação constitucional, com pedido de liminar, ajuizada pela FEDERAÇÃO NACIONAL DOS BANCOS (FENABAN) em face do TRIBUNAL SUPERIOR DO TRABALHO, cuja decisão teria usurpado a competência do Supremo Tribunal Federal para proceder ao controle de constitucionalidade de lei com eficácia erga omnes, bem como incidido em erronia na aplicação do entendimento firmado nas ADI nºs 4.357/DF e 4.425/DF.

A FENABAN sustenta, ainda, que a autoridade reclamada, além de ter decidido em sentido contrário à tese de repercussão geral firmada no RE nº 730.462/SP, teria usurpado a competência do STF para julgar as ADIs nºs 2.418/DF e 3.740/DF.

Narra a reclamante que:

a) Em sede de execução da condenação imposta ao Município de Gravataí, nos autos da Ação Trabalhista nº 0000479-60.2011.5.04.0231, declarou-se a inconstitucionalidade do art. 39 da Lei nº 8.177/91, na parte em que ele regulamenta a incidência

---

[1] MC na RCL n. 22.012-RS, de 14.10.2015 (Federação Nacional dos Bancos e Tribunal Superior do Trabalho. Intda.: Lissandra Angélica Marques). Rel.: min. Dias Toffoli.

"[da] TRD acumulada no período compreendido entre a data de vencimento da obrigação e o seu efetivo pagamento" a título de índice *de correção monetária.*

b) *Adotou-se a técnica da interpretação do dispositivo conforme à Constituição para preservar o direito à atualização monetária dos débitos trabalhistas constituídos por força de decisão judicial em conformidade com "a variação do Índice de Preços ao Consumidor Amplo Especial (IPCA-E)" no período. Documento assinado digitalmente conforme MP nº 2.200-2/2001 de 24/8/2001, que institui a Infraestrutura de Chaves Públicas Brasileira — ICP-Brasil.*

c) *Conferiu-se efeito retroativo à decisão do TST, incidindo o novo índice a partir de 30/6/2009.*

A reclamante informa que, após o julgamento da Ação Trabalhista nº 0000479-60.2011.5.04.0231, o TST expediu "ofício ao Presidente do Conselho Superior da Justiça do Trabalho (CSJT) para retificação da tabela de atualização monetária da Justiça do Trabalho (tabela única)", *o que evidenciaria não estarem os efeitos da decisão reclamada adstritos ao caso concreto, alcançando "todos os processos trabalhistas em curso em que ainda não houve pagamento ou foi extinta a obrigação", bem como os "processos futuros, bastando que tramitem na Justiça do Trabalho" (grifos da autora).*

A FENABAN defende sua legitimidade extraordinária (art. 8º, III, da CF/88) para ajuizar a presente reclamação, em defesa dos interesses das instituições financeiras "que figuram tanto como reclamadas [quanto como] executadas na Justiça Especializada, ou mesmo que possam vir a [sê-lo]".

Argumenta que o deferimento do "ingresso do Conselho Federal da Ordem dos Advogado do Brasil (CFOAB) na condição de 'amigo da corte'" reforça o caráter objetivo que se pretendeu conferir ao julgamento da Ação Trabalhista nº 0000479-60.2011.5.04.0231, com usurpação da competência privativa do STF para proceder ao controle concentrado de lei tendo como parâmetro a CF/88.

A reclamante aduz, ainda, que a decisão reclamada tem o condão de esvaziar a força normativa de parte do art. 39 da Lei

8.177/91, em desrespeito ao art. 52, X, da CF/88, segundo o qual a suspensão da execução de lei, no todo ou em parte, pressupõe decisão definitiva do STF e resolução editada pelo Senado Federal, e, nesse sentido, somente as relações jurídicas estabelecidas após a edição da resolução são afetadas pela declaração de inconstitucionalidade da norma.

Por essas razões, defende que,

> *"[n]o modelo brasileiro de controle de constitucionalidade, portanto, jamais se poderia admitir que o TST, mesmo sendo órgão máximo do Judiciário Trabalhista e por maior que seja o respeito que se lhe tribute, emprestasse eficácia erga omnes, efeito vinculante e ex tunc à declaração de inconstitucionalidade."*

No tocante às ADI nºs 4.357/DF e 4.425/DF, sustenta que, diferentemente do que afirmado pelo TST como fundamento do ato reclamado, o STF não decidiu "a constitucionalidade de regras para critério de correção monetária fora da hipótese correspondente ao lapso entre a inscrição do débito e o efetivo pagamento de precatórios contra a Fazenda Pública", estando essa matéria submetida à sistemática da repercussão geral, ainda pendente de julgamento pela Suprema Corte (RE nº 870.947/SE).

Dessa perspectiva, alega que é ilegítima a "interpretação extensiva" conferida pelo TST às decisões paradigmas do STF, a fim de "justificar a inconstitucionalidade por 'arrastamento' do art. 39, (sic) da Lei 8.177/91", a qual teria ampliado, "demasiadamente[,] o verdadeiro pronunciamento da Corte Constitucional em torno da correção monetária".

Sustenta também que o efeito retroativo conferido à decisão do TST ora reclamada, com a incidência do IPCA-E desde 30/6/2009, teria descumprido

> *"a modulação consagrada na questão de ordem da ADI 4.425, que é clara ao estabelecer a eficácia prospectiva da declaração de inconstitucionalidade, mantendo-se a aplica-*

ção do índice *oficial de remuneração básica da caderneta de poupança (TR) até 25.3.2015".*

No mais, argumenta que, no RE nº 730.462/SP, decidido de acordo com a sistemática repercussão geral, o STF "rejeitou a eficácia 'rescisória' [de] seus próprios julgados [...] em controle concentrado, firmando a indispensabilidade da ação rescisória para tal fim". Afirma, também, que, nas ADI nºs 2.418/DF e 3.740/DF, está em debate a constitucionalidade da norma que prescreve a inexigibilidade de título judicial fundado em lei ou ato normativo declarado inconstitucional pelo STF (art. 741, parágrafo único, do CPC e art. 884, § 5º, da CLT).

Nesse tocante, defende que a decisão do TST, por ter conferido efeito retroativo à declaração de inconstitucionalidade do art. 39 da Lei nº 8.177/91 — atingindo títulos judiciais fundados nesse dispositivo, com eficácia erga omnes —, além de ter ido de encontro ao julgado no RE nº 730.462/SP, teria substituído "o julgamento que será tomado nas referidas ADIs n. 2.418/DF e 3.740/DF", o que caracterizaria usurpação da competência do STF.

Em conclusão, a FENABAN defende que o TST não tem competência para modular efeitos de decisões sobre matéria constitucional, pois isso seria privativo do STF no exercício do controle concentrado de constitucionalidade. Em suas razões, sustenta que

> "[o] TST apenas está, em tese, autorizado a modular as suas próprias decisões, e, mesmo assim, quando, em julgamento de recursos repetitivos, 'se alterar a situação econômica, social ou jurídica, caso em que será respeitada a segurança jurídica das relações firmadas sob a égide da decisão anterior, podendo o Tribunal Superior do Trabalho modular os efeitos da decisão que a tenha alterado' (CLT, art. 896-C, §17)."

Requer que seja deferida medida cautelar para:

> "a) suspender integralmente a eficácia da r. decisão reclamada, suspendendo-se a aplicação erga omnes e

ordenando-se o pronto recolhimento da tabela de correção expedida pelo Conselho Superior da Justiça do Trabalho;

b) suspender ao menos a eficácia da decisão na parte em que modulou os seus efeitos, que devem retroagir a junho de 2009, observando-se a data da publicação do acórdão, isto é, 14.8.2015;

c) suspender ao menos a eficácia da decisão na parte em que ordenou a sua aplicação a todas as execuções em curso, especialmente aquelas em que há coisa julgada prevendo a correção monetária nos termos da Lei 8.177/91;

d) suspender ao menos a eficácia da decisão no capítulo em que fixou como novo índice de correção monetária o IPCAE, tendo em vista a ausência de base legal para a fixação de índice diferente do previsto na Lei n. 8.177/91."

No mérito, postula que seja julgada procedente a reclamação para anular a decisão reclamada, "avocando-se ou não os autos principais".

É o relatório. Decido.

Inicialmente, registro que, embora não haja notícia de que a FENABAN integre a relação processual da Ação Trabalhista nº 0000479- 60.2011.5.04.0231 (seja como parte, seja como terceiro interessado), entendo, ao menos nesse juízo preliminar, que a reclamante logrou comprovar prejuízo na esfera jurídica de seus substituídos pela decisão reclamada, a evidenciar a existência de legitimidade ativa para a propositura da presente reclamação, conforme jurisprudência desta Suprema Corte:

"LEGITIMIDADE ATIVA PARA A RECLAMAÇÃO NA HIPÓTESE DE INOBSERVÂNCIA DO EFEITO VINCULANTE. — Assiste plena legitimidade ativa, em sede de reclamação, àquele — particular ou não — que venha a ser afetado, em sua esfera jurídica, por decisões de outros magistrados ou Tribunais que se revelem contrárias ao entendimento fixado, em caráter vinculante, pelo Supremo Tribunal Federal, no julgamento dos processos objetivos de controle normativo abstrato instaurados mediante ajuizamento, quer de ação

direta de inconstitucionalidade, quer de ação declaratória de constitucionalidade. Precedente." (Rcl nº 2.143/SP-AgR, Relator o ministro Celso de Mello, Tribunal Pleno, DJ de 6/6/03).

"1. Reclamação. Legitimidade ativa do Estado para sua propositura, dada a comprovação do prejuízo patrimonial sofrido em virtude do cumprimento da ordem judicial de constrição. Precedentes" (Rcl nº 1.270/ES, relator o ministro Maurício Corrêa, Tribunal Pleno, DJ de 16/4/04).

"I — A legitimidade ativa para propor a reclamação constitucional, nos termos dos artigos 13 da Lei 8.038/90 e 156 do RISTF, é conferida a 'todos aqueles que comprovem prejuízo em razão de pronunciamento dos demais órgãos do poder Judiciário, desde que manifestamente contrário ao julgamento da Corte' (Rcl 1.880-QO, Rel. Min. Maurício Corrêa)" (Rcl nº 16.123/PR-AgR, relator o ministro Ricardo Lewandowski, Segunda Turma, DJe de 4/9/14).

Os motivos para se assentar a legitimidade ad causam *da FENABAN na presente reclamação se confundem com os fundamentos para se justificar a presença no* fumus boni iuris *no tocante à tese de usurpação da competência do STF, a autorizar o deferimento do pedido cautelar formulado.*

A legislação editada (Lei nº 11.418/06) com o escopo de disciplinar a exigência de repercussão geral da matéria constitucional suscitada no âmbito do recurso extraordinário, decorrente da promulgação da EC nº 45/04, regulamentou, também, a sistemática dos recursos com fundamento em idêntica questão de direito, em sede especial (arts. 543-A, 543-B e 543-C do CPC).

Observe-se que a Lei 13.015/14 incluiu no Decreto-Lei nº 5.452/53 (Consolidação das Leis do Trabalho), entre outros dispositivos, o art. 896- B, que dispõe:

> *"Art. 896-B. Aplicam-se ao recurso de revista, no que couber, as normas da Lei no 5.869, de 11 de janeiro de 1973 (Código de Processo Civil), relativas ao julgamento dos recursos extraordinário e especial repetitivos." (grifei)*

Ocorre que, diferentemente do que ocorre na Justiça comum — na qual se exige a interposição concomitante dos recursos extraordinário e especial para não haver a preclusão da controvérsia em matéria constitucional surgida nas instâncias ordinárias (precedentes: ARE nº 764.763/DF-AgR, DJe de 12/5/15; ARE nº 713.164/MG-AgR, DJe de 30/10/13) —, na Justiça especializada, a irresignação quanto ao que foi decidido em primeiro e segundo graus em matéria constitucional precisa ser devolvida à apreciação do Tribunal Superior do Trabalho para fins de esgotamento de instância, somente após o que é tida como válida a interposição de recurso extraordinário para fazer chegar ao conhecimento do STF a controvérsia constitucional.

No sentido de que o acesso a essa Suprema Corte pela via recursal extraordinária nas lides instauradas na Justiça Laboral somente é possível contra acórdão do Tribunal Superior do Trabalho, vide precedentes:

> *"AGRAVO REGIMENTAL NO RECURSO EXTRAORDINÁRIO COM AGRAVO. INTERPOSIÇÃO DE RECURSO EXTRAORDINÁRIO CONTRA DECISÃO PROFERIDA POR TRIBUNAL REGIONAL DO TRABALHO. DESCABIMENTO. APLICAÇÃO DA SÚMULA 281 DO STF. AGRAVO IMPROVIDO. I — A jurisprudência desta Corte é firme no sentido de que não cabe recurso extraordinário para o Supremo Tribunal Federal contra quaisquer decisões proferidas por Tribunais Regionais do Trabalho, tendo em vista que o acesso a esta Corte pela via recursal extraordinária, nos processos trabalhistas, só será possível quando se tratar de decisões proferidas pelo Tribunal Superior do Trabalho. Precedentes. II — A parte recorrente não esgotou as vias recursais ordinárias cabíveis, incidindo no óbice da Súmula 281 deste Tribunal. III — Agravo regimental a que se nega provimento." (ARE nº 738.001/GO-AgR, relator o ministro presidente Ricardo Lewandowski, Tribunal PLeno, DJe de 29/6/15)*
>
> *"RECURSO EXTRAORDINÁRIO — ESGOTAMENTO DA JURISDIÇÃO NA ORIGEM. O recurso extraordinário pressupõe o esgotamento da jurisdição na origem, o que não ocorre quando, proferido acórdão por Regional do Trabalho,*

a parte sucumbente deixa de interpor o recurso de revista para o Tribunal Superior do Trabalho." (AI nº 748.222/RS-AgR, relator o ministro Marco Aurélio, Primeira Turma, DJe de 1º/6/11)

"TRIBUNAL REGIONAL DO TRABALHO — INTERPOSIÇÃO DE RECURSO EXTRAORDINÁRIO — INADMISSIBILIDADE — RECURSO DE AGRAVO IMPROVIDO. — Não cabe recurso extraordinário, para o Supremo Tribunal Federal, contra quaisquer decisões proferidas por Tribunais Regionais do Trabalho, inclusive contra atos decisórios emanados de seus presidentes. — O acesso ao Supremo Tribunal Federal, pela via recursal extraordinária, nos processos trabalhistas, somente terá pertinência quando se tratar de decisões proferidas pelo Tribunal Superior do Trabalho, por ser ele o órgão de cúpula desse ramo especializado do Poder Judiciário da União. Precedentes." (AI nº 407.035/RJ-AgR, relator o ministro Celso de Mello, Segunda Turma, DJ de 7/2/03)

O fato de a sistemática processual no âmbito da Justiça Especializada exigir, para o acesso da via extraordinária, o esgotamento de instância perante o Tribunal Superior do Trabalho não transfere ao órgão superior a competência exclusiva desta Suprema Corte para apreciar a existência de repercussão geral da matéria constitucional, bem como não autoriza o TST conferir efeito prospectivo a seu pronunciamento de mérito em tema constitucional ainda não decidido pelo STF segundo a nova sistemática.

Tanto a sistemática dos recursos repetitivos (em sede de recurso especial, correspondente, no âmbito da Justiça Especializada, ao recurso de revista), como a da repercussão geral (em sede extraordinária), têm por consequência esgotar a cognição da Corte com competência para julgar a matéria como última instância (especial e extraordinária) de instrumentos com fundamento em idêntica controvérsia e recomendar a remessa de todos os processos, principais ou acessórios, à respectiva origem, a fim de proceder ao que dispõem os arts. 543-B e 543-C do CPC:

a) nos processos que tenham como objeto tema ao qual se negou repercussão geral, a Corte de origem poderá consignar a inadmissão dos recursos da competência do STF que tenham sido sobrestados ou que venham a ser interpostos (art. 543-B, § 2º);

b) nos processos em que se debata tese cujo mérito tenha sido decidido pelo STF em repercussão geral ou por Tribunal Superior (na Justiça comum, o STJ; na Justiça Trabalhista, o TST) em recurso repetitivo, a Corte de origem poderá declarar prejudicados os recursos sobrestados — quando a decisão recorrida estiver em consonância com a tese firmada pela instância extraordinária ou especial, conforme o caso — ou retratar-se (art. 543-B, § 3º e art. 543-C, § 7º, ambos do CPC).

Por conseguinte, dessa perspectiva, após julgado o tema de acordo com as novas sistemáticas (repercussão geral e recurso repetitivo), a última palavra permanece com o órgão do Poder Judiciário competente para conhecer da matéria como última instância. Em razão do efeito prospectivo da tese firmada, no entanto, nos processos de matéria idêntica, a jurisdição passa a se encerrar nas instâncias ordinárias, as quais são competentes para proceder à análise de fatos e provas dos casos concretos, solucionando-os em conformidade com a tese firmada na Corte Extraordinária (matéria constitucional) ou Superior (matéria de direito).

Em juízo de estrita delibação, portanto, entendo que a concessão de eficácia prospectiva às decisões do TST firmadas de acordo com a nova sistemática, quando referente à matéria constitucional, tem o potencial de usurpar a competência do STF para decidir como última instância controvérsia com fundamento na Constituição Federal surgida nas instâncias ordinárias da Justiça do Trabalho, porquanto limitada a possibilidade de conhecimento da matéria pela Suprema Corte ao caso concreto erigido pelo TST como representativo da controvérsia, na hipótese de ser interposto o recurso extraordinário.

Ainda da perspectiva de um juízo provisório, concluo que fica ressalvada a possibilidade de o TST conferir eficácia prospectiva a suas decisões em matéria constitucional — encerrando a juris-

dição nas instâncias ordinárias, em casos com fundamento em idêntica controvérsia — quando esta Suprema Corte já se tenha manifestado, segundo a nova sistemática, i) sobre o mérito da questão constitucional ou ii) pela negativa de repercussão geral, atentando-se, nessa última hipótese, que a demonstração da existência da repercussão geral é requisito de admissibilidade apenas do recurso extraordinário.

Da "Certidão de Julgamento" referente ao acórdão indicado como ato reclamado, extraio o teor da decisão proferida pelo TST:

"DECIDIU: I) por unanimidade: a) acolher o incidente de inconstitucionalidade suscitado pela eg. 7ª Turma e, em consequência, declarar a inconstitucionalidade por arrastamento da expressão 'equivalentes à TRD', contida no 'caput' do artigo 39 da Lei nº 8.177/91; b) adotar a técnica de interpretação conforme a Constituição para o texto remanescente do dispositivo impugnado, a preservar o direito à atualização monetária dos créditos trabalhistas; c) definir a variação do Índice de Preços ao Consumidor Amplo Especial (IPCA-E) como fator de atualização a ser utilizado na tabela de atualização monetária dos débitos trabalhistas na Justiça do Trabalho; II) por maioria, atribuir efeitos modulatórios à decisão, que deverão prevalecer a partir de 30 de junho de 2009, observada, porém, a preservação das situações jurídicas consolidadas resultantes dos pagamentos efetuados nos processos judiciais, em andamento ou extintos, em virtude dos quais foi adimplida e extinta a obrigação, ainda que parcialmente, sobretudo em decorrência da proteção ao ato jurídico perfeito (artigos 5º, XXXVI, da Constituição e 6º da Lei de Introdução ao Direito Brasileiro — LIDB), vencida a exma. ministra Dora Maria da Costa, que aplicava a modulação dos efeitos da decisão a contar de 26 de março de 2015; III) por unanimidade, determinar: a) o retorno dos autos à 7ª Turma desta Corte para prosseguir no julgamento do recurso de revista, observado o quanto ora decidido; b) a expedição de ofício ao Exmo. Ministro Presidente do Conselho Superior da Justiça do Trabalho a fim de que determine a retificação da tabela de atualização monetária da Justiça do Trabalho *(tabela única); c) o encaminhamento do acórdão à Comissão de Jurisprudência e de Precedentes Normativos para emissão de parecer acerca da Orientação Jurisprudencial nº 300 da SbDI-1." (grifei)*

Não procede a conclusão da Corte Superior da Justiça do Trabalho de que a declaração de inconstitucionalidade da expressão "equivalentes à TRD" contida no caput do art. 39 da Lei nº 8.177/91 ocorreu "por Arrastamento (ou por Atração, Consequência, Decorrente, Reverberação Normativa)" da decisão desta Suprema Corte nos autos das ADIsnºs 4.357/DF e 4.425/DF.

Isso porque a declaração de inconstitucionalidade por arrastamento alcança dispositivo cuja eficácia normativa dependa da norma objeto da declaração de inconstitucionalidade e, portanto, se relaciona com os limites objetivos da coisa julgada (SARLET, Ingo Wolfgang; MARINONI, Luiz Gulherme; MITIDIERO, Daniel. Curso de Direito Constitucional. 2. ed. rev. atual e ampl. São Paulo: Editora Revista dos Tribunais, 2013. p. 1130).

Nesse sentido:

> "CONSTITUCIONAL. ADMINISTRATIVO. SERVIDOR PÚBLICO: REMUNERAÇÃO: VINCULAÇÃO OU EQUIPARAÇÃO. C.F., art. 37, XIII. Lei Complementar nº 7, de 1991, com a redação da Lei Complementar nº 23, de 2002, do Estado de Alagoas. I. — Objetivando impedir majorações de vencimentos em cadeia, a Constituição Federal, art. 37, XIII, veda a vinculação ou equiparação de vencimentos para o efeito de remuneração de pessoal do serviço público. II. — Inconstitucionalidade de parte da segunda parte do art. 74 da Lei Complementar nº 7, de 1991, com a redação da Lei Complementar nº 23, de 2002, ambas do Estado de Alagoas. III. — Não obstante de constitucionalidade duvidosa a primeira parte do mencionado artigo 74, ocorre, no caso, a impossibilidade de sua apreciação, em obséquio ao "princípio do pedido" e por não ocorrer, na hipótese, o fenômeno da inconstitucionalidade por 'arrastamento' ou 'atração', já que o citado dispositivo legal não é dependente da norma declarada inconstitucional. ADI 2.653/MT, ministro Carlos

Velloso, "DJ" de 31.10.2003. IV. — ADI julgada procedente, em parte" (ADI nº 2.895/AL, Rel. Min Carlos Velloso, Tribuna Pleno, DJ de 20/5/05).

As ADI nºs 4.357/DF e 4.425/DF tiveram como objeto a sistemática de pagamento de precatórios introduzida pela EC nº 62/09, a qual foi parcialmente declarada inconstitucional por esta Suprema Corte, tendo o próprio relator, ministro Luiz Fux, reforçado o limite objetivo da declaração de inconstitucionalidade "por arrastamento" do art. 1º-F da Lei nº 9.494/97, com a redação dada pela Lei nº 11.960/09, ao "ao intervalo de tempo compreendido entre a inscrição do crédito em precatório e o efetivo pagamento" (RE nº 870.947/SE, DJe de 27/4/15), não alcançando o objeto da decisão do TST impugnada nesta reclamação — expressão "equivalentes à TRD" contida no caput do art. 39 da Lei 8.177/91, assim redigido:

"Art. 39. Os débitos trabalhistas de qualquer natureza, quando não satisfeitos pelo empregador nas épocas próprias assim definidas em lei, acordo ou convenção coletiva, sentença normativa ou cláusula contratual sofrerão juros de mora equivalentes à TRD acumulada no período compreendido entre a data de vencimento da obrigação e o seu efetivo pagamento."

Destaco que o dispositivo declarado inconstitucional pelo TST não está adstrito à regulamentação de débitos imputados à Fazenda Pública, diferentemente do art. 1º-F da Lei nº 9.494/97 — cuja discussão acerca de sua constitucionalidade foi submetida à sistemática da repercussão geral (Tema nº 810) e ainda está pendente de decisão de mérito do STF quanto ao índice de atualização incidente no período anterior à inscrição do crédito em precatório, incluída a fase de conhecimento.

Por não terem sido a constitucionalidade nem a inconstitucionalidade do caput do art. 39 da Lei nº 8.177/91 submetidas à sistemática da repercussão geral ou apreciadas em sede de ação do controle concentrado, diferentemente da conclusão exarada no ato reclamado, nem mesmo a eficácia prospectiva decorrente *da nova sistemática de processamento de recursos com idêntica controvérsia poderia ser conferida de forma válida pelo TST à sua decisão, sob pena de, conforme anteriormente consignado, usurpar aquele Tribunal a competência do STF para decidir, como última instância, controvérsia com fundamento na Constituição Federal.*

Ocorre que, ao ordenar a "expedição de ofício ao Exmo. Ministro Presidente do Conselho Superior da Justiça do Trabalho a fim de que determine a retificação da tabela de atualização monetária da Justiça do Trabalho (tabela única)", o TST foi além do efeito prospectivo possível, em tese, de ser conferido a sua decisão em sede de recurso de revista representativo da controvérsia.

Essa "tabela única" consiste em providência do Conselho Superior da Justiça do Trabalho (CSJT), por meio da Resolução nº 8/2005 (doc. eletrônico 40), no sentido de conferir uniformidade aos cálculos trabalhistas, tendo em vista a adoção de critérios diferenciados pelo órgãos regionais da Justiça do Trabalho para fins de apuração do índice de atualização.

Assim, a decisão objeto da presente reclamação alcança execuções na Justiça do Trabalho independentemente de a constitucionalidade do art. 39 da Lei nº 8.177/91 estar sendo questionada nos autos principais.

Em juízo preliminar, concluo que a "tabela única" editada pelo CSJT por ordem contida na decisão Ação Trabalhista nº 0000479-60.2011.5.04.0231 não se limita a orientar os cálculos no caso concreto; antes, possui caráter normativo geral, ou seja, tem o condão de esvaziar a força normativa da expressão "equivalentes à TRD" contida no caput do art. 39 da Lei nº 8.177/91, orientando todas as execuções na Justiça do Trabalho, razão pela qual assento a presença do requisito do periculum in mora *para o deferimento do pedido cautelar formulado.*

Ademais, essa tabela implementa o IPCA-E como índice de atualização monetária de débitos em hipóteses diversas da que foi submetida à análise desta Suprema Corte nas ADI nºs 4.357/DF e 4.425/DF — dívida da Fazenda Pública no período entre a inscrição do débito em precatório e seu efetivo pagamento.

Ante o exposto, defiro o pedido liminar para suspender os efeitos da decisão reclamada e da "tabela única" editada pelo CSJT em atenção a ordem nela contida, sem prejuízo do regular trâmite da Ação Trabalhista nº 0000479-60.2011.5.04.0231, inclusive prazos recursais.

Solicitem-se informações à autoridade reclamada.

Com ou sem informações, vista à douta Procuradoria-Geral da República para manifestação como custos legis.

Publique-se. Int..[2]

---

[2] Disponível em: <http://www.stf.jus.br/portal/jurisprudencia/listarJurisprudencia.asp?s1=%28Rcl%24%2ESCLA%2E+E+22012%2ENUME%2E%29+NAO+S%2EPRES%2E&base=baseMonocraticas&url=http://tinyurl.com/nm4mqw8>. Acesso em: 14 nov. 2015.

7. DÉCIMO TERCEIRO SALÁRIO. ANTECIPAÇÃO PARA APOSENTADOS E PENSIONISTAS

Apreciando a ADPF 363-DF[1], em 27.8.2015, o ministro Celso de Mello não reconheceu legitimidade ao Sindicato Nacional dos Aposentados, Pensionistas e Idosos da Força Sindical (SINDNAPI) para propor esse tipo de ação, medida que somente podem pretender aqueles elencados no art. 103 da Constituição da República, solicitando que o Governo Federal seja obrigado a antecipar o pagamento da primeira parcela do 13º salário aos aposentados e pensionistas do Instituto Nacional de Seguro Social (INSS). A ementa da decisão é a seguinte:

> *CONTROLE NORMATIVO ABSTRATO. AUSÊNCIA DE LEGITIMIDADE ATIVA DE ENTIDADE SINDICAL DE PRIMEIRO GRAU, AINDA QUE DE ÂMBITO NACIONAL. PRECEDENTES. POSSIBILIDADE DE CONTROLE PRÉVIO, PELO RELATOR DA CAUSA, DOS REQUISITOS FORMAIS INERENTES AO CONTROLE NORMATIVO ABSTRATO (RTJ 139/67). FISCALIZAÇÃO CONCENTRADA DE CONSTITUCIONALIDADE: PROCESSO DE CARÁTER OBJETIVO. IMPOSSIBILIDADE DE DISCUSSÃO DE SITUAÇÕES INDIVIDUAIS E CONCRETAS. PRECEDENTES. ARGUIÇÃO DE DESCUMPRIMENTO NÃO CONHECIDA.*
>
> *— Os Sindicatos, mesmo aqueles de âmbito nacional, não dispõem de legitimidade ativa para o ajuizamento de arguição de descumprimento de preceito fundamental perante o Supremo Tribunal Federal. Precedentes.*
>
> *— No âmbito da estrutura sindical brasileira, somente a Confederação Sindical — que constitui entidade de grau superior — possui qualidade para agir, em sede de controle normativo abstrato, perante a Suprema Corte (CF, art. 103, IX). Precedentes.*

---

[1] ADPF 363-DF, de 27.8.2015 (Sindicato Nacional dos Aposentados, Pensionistas e Idosos da Força Sindical. Intdo.: Presidente da República). Rel.: min. Celso de Mello.

— O controle normativo de constitucionalidade qualifica-se como típico processo de caráter objetivo, vocacionado exclusivamente à defesa, em tese, da harmonia do sistema constitucional. O exame de relações jurídicas concretas e de situações individuais constitui matéria juridicamente estranha ao domínio do processo de fiscalização concentrada de constitucionalidade. Precedentes.[2]

---

[2] Disponível em: <http://www.stf.jus.br/portal/processo/verProcessoAndamento.asp?incidente=4827321>. Acesso em: 15 nov. 2015.

8. DISPENSA INCENTIVADA. VALIDADE DE CLÁUSULA DE RENÚNCIA

Apreciando o RE 590.415-SC[1], em 30.4.2015, o Plenário do STF considerou válida, nos casos de Planos de Dispensa Incentivada (PDIs), a cláusula que dá quitação ampla e irrestrita de todas as parcelas decorrentes do contrato de emprego, desde que este item conste de acordo coletivo de trabalho e dos demais instrumentos assinados pelo empregado. A ementa do julgado, relatada pelo ministro Luís Roberto Barroso, tem a seguinte redação:

> *DIREITO DO TRABALHO. ACORDO COLETIVO. PLANO DE DISPENSA INCENTIVADA. VALIDADE E EFEITOS.*
>
> *1. Plano de dispensa incentivada aprovado em acordo coletivo que contou com ampla participação dos empregados. Previsão de vantagens aos trabalhadores, bem como quitação de toda e qualquer parcela decorrente de relação de emprego. Faculdade do empregado de optar ou não pelo plano.*
>
> *2. Validade da quitação ampla. Não incidência, na hipótese, do art. 477, § 2º da Consolidação das Leis do Trabalho, que restringe a eficácia liberatória da quitação aos valores e às parcelas discriminadas no termo de rescisão exclusivamente.*
>
> *3. No âmbito do direito coletivo do trabalho não se verifica a mesma situação de assimetria de poder presente nas relações individuais de trabalho. Como consequência, a autonomia coletiva da vontade não se encontra sujeita aos mesmos limites que a autonomia individual.*

---

[1] RE 590.415-SC, de 30.4.2015 (Banco do Brasil S/A (sucessor do Banco do Estado de Santa Catarina S/A — BESC) *vs.* Claudia Maira Leite Eberhardt. Am. Curiae: Volkswagen do Brasil Industria de Veiculos Automotores Ltda). Rel.: min. Luís Roberto Barroso.

4. A Constituição de 1988, em seu artigo 7º, XXVI, prestigiou a autonomia coletiva da vontade e a autocomposição dos conflitos trabalhistas, acompanhando a tendência mundial ao crescente reconhecimento dos mecanismos de negociação coletiva, retratada na Convenção n. 98/1949 e na Convenção n. 154/1981 da Organização Internacional do Trabalho. O reconhecimento dos acordos e convenções coletivas permite que os trabalhadores contribuam para a formulação das normas que regerão a sua própria vida.

5. Os planos de dispensa incentivada permitem reduzir as repercussões sociais das dispensas, assegurando àqueles que optam por seu desligamento da empresa condições econômicas mais vantajosas do que aquelas que decorreriam do mero desligamento por decisão do empregador. É importante, por isso, assegurar a credibilidade de tais planos, a fim de preservar a sua função protetiva e de não desestimular o seu uso.

7. (sic) Provimento do recurso extraordinário. Afirmação, em repercussão geral, da seguinte tese: "A transação extrajudicial que importa rescisão do contrato de trabalho, em razão de adesão voluntária do empregado a plano de dispensa incentivada, enseja quitação ampla e irrestrita de todas as parcelas objeto do contrato de emprego, caso essa condição tenha constado expressamente do acordo coletivo que aprovou o plano, bem como dos demais instrumentos celebrados com o empregado."[2]

---

[2] Disponível em: <file:///C:/Users/Microsoft/Downloads/texto_306937669.pdf>. Acesso em: 8 nov. 2015.

9. FGTS

9.1. CONTRATAÇÃO NULA[1]

O Pleno do STF, apreciando, em 26.3.2015, a ADIn 3.127-DF[2], relatada pelo ministro Teori Zavascki, manifestou-se pela constitucionalidade do art. 19-A da Lei n. 8.036/90. Segundo o relator, esse dispositivo da Lei do FGTS não ofende o art. 37, § 2º, da Constituição, porque não torna válida contratação nula por ausência de aprovação em concurso, limitando-se a permitir o saque dos valores recolhidos na conta vinculada do trabalhador que efetivamente prestou o serviço devido.

A ementa do aresto é a seguinte:

> *TRABALHISTA E CONSTITUCIONAL. MP 2.164-41/2001. INCLUSÃO DO ART. 19-A NA LEI 8.036/1990. EMPREGADOS ADMITIDOS SEM CONCURSO PÚBLICO. CONTRATAÇÃO NULA. EFEITOS. RECOLHIMENTO E LEVANTAMENTO DO FGTS. LEGITIMIDADE CONSTITUCIONAL DA NORMA.*
>
> *1. O art. 19-A da Lei 8.036/90, incluído pela MP 2.164/01, não afronta o princípio do concurso público, pois ele não infirma a nulidade da contratação feita à margem dessa exigência, mas apenas permite o levantamento dos valores recolhidos a título de FGTS pelo trabalhador que efetivamente cumpriu suas obrigações contratuais, prestando o serviço devido. O caráter compensatório dessa norma foi considerado legítimo pelo Supremo Tribunal*

---

[1] Sobre esse tema, v., nesta coletânea, v. 16, p.24.

[2] ADIn 3.127-DF.de 26.3.2015 (Governador do Estado de Alagoas. Intdo.(a/s): Presidente da República, Estados do Acre, Amazonas, Espírito Santo, Rio Grande do Norte, Rio Grande do Sul, Paraná, Rio de Janeiro, Pará, Bahia, Paraíba, Mato Grosso do Sul, Minas Gerais, Pernambuco, Goiás, Sergipe, São Paulo, Roraima e Distrito Federal). Relator: Min. Teori Zavascki.

Federal no RE 596.478, Red. p/ acórdão Min. Dias Toffoli, DJe de 1º/3/2013, com repercussão geral reconhecida.

2. A expansão da abrangência do FGTS para cobrir outros riscos que não aqueles estritamente relacionados com a modalidade imotivada de dispensa — tais como a própria situação de desemprego e outros eventos socialmente indesejáveis, como o acometimento por doença grave e a idade avançada — não compromete a essência constitucional do fundo.

3. A MP 2.164/01 não interferiu na autonomia administrativa dos Estados, do Distrito Federal e dos Municípios para organizar o regime funcional de seus respectivos servidores, uma vez que, além de não ter criado qualquer obrigação financeira sem previsão orçamentária, a medida em questão dispôs sobre relações jurídicas de natureza trabalhista, dando nova destinação a um valor que, a rigor, já vinha sendo ordinariamente recolhido na conta do FGTS vinculada aos empregados.

4. Ao autorizar o levantamento do saldo eventualmente presente nas contas de FGTS dos empregados desligados até 28/7/2001, impedindo a reversão desses valores ao erário sob a justificativa de anulação contratual, a norma do art. 19-A da Lei 8.036/90 não acarretou novos dispêndios, não desconstituiu qualquer ato jurídico perfeito, nem investiu contra nenhum direito adquirido da Administração Pública, pelo que não há falar em violação ao art. 5º, XXXVI, da CF.

5. Ação direta de inconstitucionalidade julgada improcedente.[3]

9.2. LEGITIMIDADE DO MINISTÉRIO PÚBLICO FEDERAL

O STF reconheceu existir repercussão geral no RE 643.978-DF[4], de 18.9.2015, no qual é discutida a legitimidade do Ministério Público Federal para propor ação civil pública em defesa de direitos relacionados

---

[3] Disponível em: <file:///C:/Users/Microsoft/Downloads/texto_307336906.pdf>. Acesso em: 9 nov. 2015.

[4] RE 643.978 DF (Caixa Econômica Federal — CEF vs. Ministério Público Federal). Relator: min. Teori Zavascki.

ao FGTS. A relatoria é do ministro Teori Zavascki. O noticiário acerca desse tema é o que segue:

> Por meio do Plenário Virtual, o Supremo Tribunal Federal (STF) reconheceu, por unanimidade, a existência de repercussão geral no Recurso Extraordinário (RE) 643978, em que se discute se o Ministério Público tem legitimidade para propor ação civil pública em defesa de direitos relacionados ao Fundo de Garantia do Tempo de Serviço (FGTS).
>
> Na instância de origem, o Ministério Público Federal (MPF) ajuizou ação civil pública contra a Caixa Econômica Federal (CEF) para questionar o fato de a instituição abrir uma conta vinculada para cada relação empregatícia do trabalhador. O correto de acordo com a lei, sustentou o MPF, é que o trabalhador possua uma única conta de FGTS durante toda a vida profissional. Na ação, o órgão defendeu que fossem liberados os valores de todas as contas nas hipóteses de movimentação previstas no artigo 20 (incisos I, II, IX e X) da Lei 8.036/1990 ou a adoção do regime de conta única por trabalhador, para os atuais e futuros integrantes do regime de FGTS, reunindo os depósitos das diversas contas titularizadas por um mesmo trabalhador em sua conta atual ou mais recente.
>
> Na oportunidade, o Ministério Público frisou ter legitimidade para atuar no caso, por considerar inconstitucional o artigo 1º (parágrafo único) da Lei 7.347/1985, que veda o uso da ação civil pública para tratar de pretensões que envolvam o FTGS.
>
> O juízo de primeira instância julgou procedente o pedido, mas a decisão foi reformada pelo Tribunal Regional Federal da 5ª Região (TRF-5), que declarou extinta a causa sem julgamento de mérito, sob o fundamento de que não caberia ação civil pública movida pelo MPF para pleitear a reforma do sistema de contas relativas ao FGTS — interesse de natureza homogênea e disponível. O plenário daquela corte, contudo, deu provimento a embargos infringentes opostos pelo MPF contra essa decisão, por entender que o Ministério Público tem legitimidade para propor ação civil pública na defesa de direitos individuais homogêneos, mesmo que disponíveis, desde que possuam conotação social ou tenham repercussão social.

A CEF, então, interpôs recurso extraordinário dirigido ao Supremo pedindo que seja reconhecida a constitucionalidade do artigo 1º da Lei 7.347/1985 e a consequente extinção do processo por falta de interesse de agir, decorrente da inadequação da via processual eleita.

Para o relator, ministro Teori Zavascki, o que está sendo submetido ao STF é a análise da compatibilidade entre o disposto no artigo 1º (parágrafo único) da Lei 7.347/1985 e o artigo 129 (inciso III) da Constituição Federal de 1988, que confere ao Ministério Público a atribuição de promover o inquérito civil e a ação civil pública para proteção do patrimônio público e social, do meio ambiente e de outros interesses difusos e coletivos. Em hipóteses semelhantes, relativas à ação civil pública em matéria tributária, o STF reconheceu a repercussão geral dos temas submetidos à sua apreciação, salientou o ministro.

"A matéria, portanto, tem natureza constitucional e, por envolver as funções institucionais do Ministério Público, é dotada de evidente relevância jurídica e social", destacou o relator ao se manifestar pelo reconhecimento da repercussão geral. A decisão do Plenário Virtual foi unânime.[5]

---

[5] Disponível em: <http://www.stf.jus.br/portal/cms/verNoticiaDetalhe.asp?idConteudo=301533>. Acesso em: 27 out. 2015.

10. MINISTÉRIO PÚBLICO ESTADUAL. ANOTAÇÃO DE DADOS NA CTPS

Examinando conflito negativo de atribuição suscitado pelo Ministério Público estadual de São Paulo, o ministro Marco Aurélio decidiu, na Petição n. 5.084-SP[1], em 21.9.2015, no sentido de que é do *Parquet* estadual a competência para apurar a prática delituosa do art. 297, § 4º, do Código Penal, relativa à omissão de anotação de dados relativos a contrato de trabalho na CTPS do empregado. A decisão é a seguinte:

COMPETÊNCIA — CONFLITO NEGATIVO DE ATRIBUIÇÃO — MINISTÉRIO PÚBLICO ESTADUAL E FEDERAL — OMISSÃO DE ANOTAÇÃO DE DADOS EM CARTEIRA DE TRABALHO — DEFINIÇÃO.

1. O assessor Dr. Alexandre Freire prestou as seguintes informações:

O conflito negativo de atribuição concerne a procedimento voltado a apurar a suposta prática de crime de omissão de anotação de dados relativos a contrato de trabalho na Carteira de Trabalho e Previdência Social — CTPS (artigo 297, § 4º, do Código Penal).

O Ministério Público Federal remeteu os autos ao Ministério Público do Estado de São Paulo. Este suscitou o conflito negativo, afirmando incumbir àquele a condução da investigação.

A Procuradoria Geral da República manifesta-se pela admissão do conflito negativo de atribuição, para reconhecê-la como sendo do Ministério Público Federal.

2. Preliminarmente, assento cumprir ao Supremo a solução de conflitos de atribuições entre o Ministério Público Federal

---

[1] PET. 5.084-SP, de 21.9.2015 (Ministério Público Federal *vs.* Ministério Público do Estado de São Paulo), Relator: min. Marco Aurélio.

e o estadual — Petição nº 3.528/BA, de minha relatoria, Diário da Justiça de 3 de março de 2006.

Define-se o conflito considerada a matéria objeto do procedimento de origem, devendo ser levados em conta os fatos motivadores da atuação do Ministério Público. Quando se trata de investigar prática de possível crime de omissão de anotação de dados relativos a contrato de trabalho na Carteira de Trabalho e Previdência Social — CTPS (artigo 297, § 4º, do Código Penal), a atribuição, para qualquer ação, é do Ministério Público estadual, e não do Federal, pois inexiste lesão a bem ou interesse da União bastante a potencializar a atração da Competência da Justiça Federal, o que direciona à competência da Justiça Comum estadual para processar e julgar eventual ação penal, consoante, inclusive, enuncia o Verbete nº 107 da Súmula do Superior Tribunal de Justiça.

3. Ante o quadro, resolvo o conflito no sentido de reconhecer a atribuição do Ministério Público estadual.

4. Publiquem.[2]

---

[2] Disponível em: <file:///C:/Users/Microsoft/Downloads/texto_307808805.pdf>. Acesso em: 7 nov. 2015.

11. SEGURO-DESEMPREGO. CRITÉRIO DE CONCESSÃO

Tramita no STF a ADIn 5.340-DF[1], que pretende questionar as modificações que a lei n. 13.134/2015 introduziu relativamente ao critério de concessão de seguro-desemprego. A relatoria é do ministro Luiz Fux e, até dezembro 2015, não havia sido abreviada. A notícia a respeito é a seguinte:

> *Mais uma Ação Direta de Inconstitucionalidade (ADI) 5340 foi ajuizada do Supremo Tribunal Federal (STF) para questionar a alteração no critério de concessão do seguro-desemprego. A diferença é que as oito ADIs anteriores questionavam as medidas provisórias do ajuste fiscal. Esta nova ação, ajuizada pelo Partido Popular Socialista (PPS), questiona a Lei Federal 13.134/2015, resultado da conversão da Medida Provisória 665.*
>
> *Na ADI, o PPS afirma que, "ao desnaturar o direito social do seguro-desemprego, restringindo arbitrariamente patamar de aplicação consolidado na sociedade brasileira", a lei feriu o princípio constitucional da proibição do retrocesso legal. O partido afirma ainda que a lei não observou a garantia constitucional à ampla participação na organização de medidas de seguridade social e assistência social (artigo 194 da Constituição Federal).*
>
> *O PPS assevera que, no regime anterior à promulgação da lei, o trabalhador fazia jus ao seguro-desemprego após o tempo mínimo de seis meses de emprego. Com as alterações, o período mínimo de trabalho para concessão do benefício foi aumentado para um ano.*

---

[1] ADIn 5.340-DF (Partido Popular Socialista — PPS. Intdos.: Presidente da República e Congresso Nacional). Rel.: Min. Luiz Fux.

"Essas medidas inconstitucionais surgem em momento tormentoso do cenário brasileiro, cujas fragilidades, especialmente econômicas, engendram movimento de reacionário ajuste fiscal contraditoriamente focado na supressão de garantias sociais, justamente quando elas são mais necessárias", afirma o partido.

Assim como as outras ações, esta ADI foi distribuída ao ministro Luiz Fux. O PPS pede a concessão de liminar para suspender a eficácia da norma, e, no mérito, requer que seja declarada inconstitucional.[2]

---

[2] Disponível em: <http://www.stf.jus.br/portal/cms/verNoticiaDetalhe.asp?idConteudo=294551>. Acesso em: 20 set. 2015.

12. TRABALHADOR AVULSO[1]. HORAS EXTRAS

O trabalhador avulso tem direito à percepção de horas extras, sem que ocorra violação da Súmula Vinculante n. 10, que cuida da cláusula de reserva de plenário. Esse entendimento foi firmado pelo STF, quando a ministra Cármen Lúcia, na condição de relatora, julgou, a 22.9.2015, improcedente a RCL 21.191-RS[2]. Não se tratava de declaração de inconstitucionalidade de lei, mas apenas de interpretar e aplicar normas constitucionais e celetistas. O *decisum* é o seguinte:

> RECLAMAÇÃO. DIREITO DO TRABALHO. TRABALHADOR PORTUÁRIO AVULSO: RECEBIMENTO DE HORAS EXTRAS. ALEGAÇÃO DE CONTRARIEDADE À SÚMULA VINCULANTE N. 10 DO SUPREMO TRIBUNAL FEDERAL: INOCORRÊNCIA. RECLAMAÇÃO JULGADA IMPROCEDENTE.
>
> *Relatório*
>
> *1. Reclamação, com requerimento de medida liminar, ajuizada pelo Órgão de Gestão de Mão de Obra do Trabalho Portuário Avulso do Porto Organizado do Rio Grande — OGMO/RG, em 25.6.2015, contra a seguinte decisão proferida no Recurso Ordinário n. 0000455-68.2011.5.04.0122 pela 11ª Turma do Tribunal Regional do Trabalho da Quarta Região, que teria afastado a aplicação das Leis ns. 8.630/1993, 9.719/1998 e 12.815/2013 e desrespeitado a Súmula Vinculante n. 10 do Supremo Tribunal Federal:*
>
> *"PRESCRIÇÃO BIENAL. TRABALHADOR AVULSO. Aplicável ao caso a OJ n. 384 da SDI-1 do C. TST. Recurso*

---

[1] Sobre trabalhador avulso, v., nesta coletânea, v. 2, p. 36, v. 9, p. 43.

[2] Rcl 21.191-RS, de 22.9.2015 (Órgão de Gestão de Mão de Obra do Trabalho Portuário Avulso do Porto Organizado do Rio Grande — OGMO/RG *vs.* Edilson Lopes Machado. Intdo.: Tribunal Regional do Trabalho da 4ª Região). Relatora: min. Cármen Lúcia.

ordinário do reclamante improvido. ADICIONAL DE PERICULOSIDADE. Comprovado o ingresso do autor em área de risco, é devido o adicional de periculosidade. Apelo do reclamado desprovido" (doc. 17).

2. O Reclamante alega que *"a decisão reclamada (...) contraria a Súmula Vinculante n. 10 do Supremo Tribunal Federal, que dispõe que viola a Cláusula de Reserva de Plenário a decisão fracionária de tribunal que afaste, no todo ou em parte, a incidência de lei sem que a mesma seja declarada inconstitucional"* (fl. 5, doc. 2).

Sustenta que *"o trabalho portuário avulso é regido pelas Leis 8.630/93 (ora revogado pela Lei 12.815/2013), 9.719/98 e 12.815/2013. Nesta perspectiva, é importante pontuar que nenhum destes diplomas foi alvo, total ou parcialmente, de declaração de inconstitucionalidade no STF, seja em sede controle difuso ou concentrado de constitucionalidade"* (fl. 8, doc. 2).

Salienta que *"a própria Lei 8.630/93 em seu art. 75 (...) revogou as disposições contidas na CLT a respeito do trabalho portuário avulso, quais sejam, os artigos 254 a 292. Aliado a isto, quanto ao âmbito de aplicação da CLT às relações de trabalho e emprego, esta delimita, em seu artigo 1º, que 'estatui as normas que regulam as relações individuais e coletivas de trabalho, nela previstas'"* (sic, fl. 8, doc. 2).

Assevera que

"o acórdão fracionário tratou como direito individual trabalhista relação tipicamente coletiva regida por autocomposição ao afastar a norma específica. No particular, expôs que os artigos 18, I, 20, 22 e 29 da Lei 8.630/93 remetem às partes acima referidas à negociação coletiva para que sejam acertadas as definições das equipes, as condições de trabalho, tal como a remuneração dos trabalhadores portuários avulsos. Ademais, alegou que o artigo 8º da Lei 9.719/98 autoriza a redução do intervalo de 11 horas entre jornadas por meio de negociação coletiva bem como o momento de concessão do intervalo intrajornadas" (fl. 10, doc. 2).

Requer "medida liminar para que seja suspenso o Processo n. 0000455- 68.2011.5.04.0122, dando-se ciência a 2ª Turma do C. Tribunal Superior do Trabalho, até o julgamento final da presente reclamação" (fl. 22, doc. 2).

No mérito, pede seja "a cassação do acórdão da 11ª do TRT/4 proferido no Processo n. 0000455-68.2011.5.04.0122 por contrariedade a Súmula Vinculante 10 do STF, ordenando-se seja proferida nova decisão, atendendo o que dispõe o artigo 97 da Constituição Federal" (fl. 22, doc. 2).

3. Em 30.6.2015, indeferi a medida liminar pleiteada, requisitei informações à autoridade reclamada e determinei vista dos autos ao Procurador-Geral da República (doc. 19).

Contra essa decisão o Reclamante interpôs agravo regimental, pendente de julgamento (doc. 22).

Em 26.8.2015, o Presidente do Tribunal Regional do Trabalho da Quarta Região prestou as informações requisitadas, encaminhado cópia do acórdão reclamado (doc. 24).

Em 31.8.2015, a Procuradoria-Geral da República opinou pela improcedência da reclamação:

> "Reclamação constitucional. Alegação de declaração indireta de inconstitucionalidade. Acórdão baseado em fatos e provas. Violação da Súmula Vinculante n. 10 não configurada. Parecer pela improcedência da reclamação." (fl. 1, doc. 25)

Examinada a matéria posta à apreciação, DECIDO.

4. No parágrafo único do art. 161 do Regimento Interno do Supremo Tribunal Federal se dispõe que "o Relator poderá julgar a reclamação quando a matéria for objeto de jurisprudência consolidada do Tribunal", como se tem na espécie.

5. Põe-se em foco nesta reclamação se, ao reconhecer o direito do Interessado a receber horas extras, a autoridade reclamada teria desrespeitado a Súmula Vinculante n. 10 do Supremo Tribunal Federal.

6. O instituto da súmula vinculante inaugurou hipótese de cabimento de reclamação para o Supremo Tribunal Federal, conforme disposto no art. 103-A, § 3º, da Constituição da República.

A contrariedade à determinada súmula ou a sua aplicação indevida por ato administrativo ou decisão judicial possibilita a atuação do Supremo Tribunal Federal, que, ao julgar a reclamação procedente, pode anular o ato ou cassar a decisão e determinar que outra seja proferida, com ou sem a aplicação da súmula, conforme o caso.

Tem-se na Súmula Vinculante n. 10 do Supremo Tribunal Federal:

"*Viola a cláusula de reserva de plenário (CF, artigo 97) a decisão de órgão fracionário de Tribunal que, embora não declare expressamente a inconstitucionalidade de lei ou ato normativo do poder público, afasta sua incidência, no todo ou em parte.*"

7. Na espécie, a autoridade reclamada reconheceu o direito do Interessado a perceber horas extras com fundamento no art. 7º, inc. XXXIV, da Constituição da República e no art. 71 da Consolidação das Leis do Trabalho, nos seguintes termos:

"*O inciso XXIV do artigo 7º da CF assegura igualdade de direitos entre o trabalhador com vínculo empregatício permanente e o trabalhador avulso, sem estabelecer qualquer restrição. Logo, o pagamento de horas extras quando o labor excede as quarenta e quatro horas semanais, bem como dos intervalos intrajornadas e entre jornadas não usufruídos como extras se inserem entre os direitos do trabalhador portuário avulso. Observe-se que o Egrégio TST reconhece o direito a horas extras ao trabalhador portuário na OJ 60 da SDI-1, verbis:*

(...)

No caso, analisando os 'extratos analíticos' das fls. 334-60, constato que houve incorreções neste sentido durante o período imprescrito. Cito, por exemplo, o dia 27 de setembro de 2010 (fl. 353), em que houve trabalho contínuo entre os turnos 'A' e 'B', o que impossibilitou faticamente o gozo do intervalo que deveria iniciar as 13h45min. Tais intervalos, por não terem sido gozados, deverão ser remunerados, conforme dispõem o § 4 do art. 71 da CLT." (doc. 17)

Não se vislumbra contrariedade à Súmula Vinculante n. 10 deste Supremo Tribunal por inobservância do princípio da reserva de plenário, porque, na decisão da 11ª Turma do Tribunal Regional do Trabalho da Quarta Região, não se declarou inconstitucionalidade das Leis ns. 8.630/1993, 9.719/1998 e 12.815/2013.

A autoridade reclamada restringiu-se a interpretar e aplicar normas legais, considerando o princípio da igualdade entre o empregado permanente e o avulso, com base em outras normas de proteção ao trabalhador.

Confira-se trecho do parecer do subprocurador-geral da República, Paulo Gustavo Gonet Branco:

> *"Em reclamação trabalhista, o Tribunal Regional do Trabalho da 4ª Região, por meio de órgão fracionário, reconheceu o direito de trabalhador avulso portuário à percepção de horas extras decorrentes da supressão do intervalo intrajornada estabelecido em convenção coletiva.*
>
> *(...)*
>
> *Observa-se que o acórdão, ao contrário do que faz crer o reclamante, não declarou a inconstitucionalidade de qualquer norma, mas condenou o órgão ao pagamento de verbas trabalhistas com base em análise concreta e casuística, ressaltando a desobediência, inclusive, a Convenções Coletivas de Trabalho. O fundamento para a condenação foi, portanto, infraconstitucional, não havendo que se cogitar, pois, de ofensa à cláusula de reserva de plenário. O parecer é pela improcedência da reclamação." (fls. 2-4, doc. 25)*

O parecer da Procuradoria-Geral da República acolhe a jurisprudência deste Supremo Tribunal na matéria:

> *"Agravo regimental na reclamação. Ausência de identidade de temas entre o ato reclamado e a Súmula Vinculante nº 10. Existência de fundamentos autônomos. Agravo regimental não provido. 1. Por atribuição constitucional,*

presta-se a reclamação para preservar a competência do STF e garantir a autoridade de suas decisões (art. 102, inciso I, alínea I, CF/88), bem como para resguardar a correta aplicação das súmulas vinculantes (art. 103-A, § 3º, CF/88). 2. Embora presente fundamento constitucional, a incidência da norma no caso concreto é afastada por outros dois fundamentos infraconstitucionais autônomos e suficientes para manter a decisão reclamada. Eventual decisão do STF para anular o acórdão, na parte em que esse afronta o art. 97 da CF/88 (cujo alcance está explicitado na Súmula Vinculante nº 10), seria destituída de qualquer eficácia, haja vista a manutenção dos seus efeitos por fundamentos autônomos não alcançados pela reclamatória. Aplicação da Súmula STF nº 283. 3. É necessário haver aderência estrita do objeto do ato reclamado ao conteúdo do entendimento vinculante do STF apontado como paradigma para que seja admitido o manejo da reclamatória constitucional. 4. Agravo regimental não provido." (Rcl 16.994-AgR, relator o ministro Dias Toffoli, Primeira Turma, DJe 14.11.2014).

No mesmo sentido: Rcl 21.149-AgR, relator o ministro Luiz Fux, Primeira Turma, julgado em 15.9.2015; Rcl 21.126, relator o ministro Roberto Barroso, DJe 30.6.2015; Rcl 20.062, relator o ministro Dias Toffoli, DJe 28.4.2015; Rcl 18.804, relatora a ministra Rosa Weber, DJe 23.10.2014; Rcl 21.060, relator o ministro Roberto Barroso, DJe 30.6.2015; Rcl 17.883, relatora a ministra Rosa Weber, DJe 10.9.2014; Rcl 19.651, relator o ministro Roberto Barroso, DJe 27.2.2015; Rcl 18.263, relatora a ministra Rosa Weber, DJe 14.10.2014; Rcl 17.522, relator o ministro Gilmar Mendes, DJe 25.6.2015.

8. Pelo exposto, julgo improcedente esta reclamação (arts. 21, § 1º, e 161, parágrafo único, do Regimento Interno do Supremo Tribunal Federal), prejudicado o agravo regimental contra o indeferimento da medida liminar.

Publique-se.[3]

---

[3] Disponível em: <file:///C:/Users/Microsoft/Downloads/texto_307840755.pdf>. Acesso em: 6 nov. 2015.

PARTE II
DIREITOS COLETIVOS

1. DISSÍDIO COLETIVO

1.1. DE COMUM ACORDO[1]

Desde que a Constituição de 1988 sofreu sua Emenda n. 45, em 2004, passou a haver gradual redução do número de dissídios coletivos de natureza econômica face a necessidade, prevista no art. 114, § 2º, constitucional do preenchimento de um requisito introduzido pelo constituinte derivado, da existência de comum acordo das partes para esse fim.

Examinando o ARE 679.137-RJ[2], a 28.8.2015, relatado pelo ministro Marco Aurélio, o STF, por seu plenário virtual, reconheceu existir repercussão geral nessa matéria, inclusive considerando o disposto nos arts. 5º, ns. XXXV e XXXVI, e 60, § 4º, da Constituição.

A ementa do julgado reconhecendo a repercussão geral é a seguinte:

> FORMALIZAÇÃO DE DISSÍDIO COLETIVO — EXIGÊNCIA DE COMUM ACORDO — ARTIGO 114, § 2º, DA CARTA DE 1988 — EMENDA CONSTITUCIONAL Nº 45/2004 — CONSTITUCIONALIDADE — RECURSO EXTRAORDINÁRIO — AGRAVO PROVIDO NOS PRÓPRIOS AUTOS — SEQUÊNCIA — REPERCUSSÃO GERAL — CONFIGURAÇÃO. Possui repercussão geral a controvérsia acerca da constitucionalidade da previsão de comum acordo entre as partes como requisito para a formalização de dissídio coletivo de natureza econômica, versada no § 2º do artigo 114 da Carta de 1988, com a redação dada pela Emenda Constitucional

---

[1] Sobre esse tema, v., nesta coletânea, v. 11, p. 35.
[2] ARE 679.137-RJ, de 28.8.2015 (Sindicato dos Trabalhadores em Empresas de Transportes Metroviários do Estado do Rio de Janeiro — SIMERJ vs. Companhia de Transportes sobre Trilhos do Estado do Rio de Janeiro — RIOTRILHOS). Relator: min. Marco Aurélio.

nº 45, de 2004, considerado o disposto nos artigos 5º, incisos XXXV e XXXVI, e 60, § 4º, do Diploma Maior.[3]

1.2. EXTINÇÃO. AÇÃO DE CUMPRIMENTO[4]. PERDA DE OBJETO.

Ação de cumprimento fundada em sentença normativa que perdeu eficácia deve ser extinta. Esse o entendimento majoritário firmado pelo Pleno do STF, ao julgar o RE 428.154-PR[5], de 7.5.2015, sendo prolator do acórdão o ministro Luís Roberto Barroso. A ementa do julgado é a seguinte:

> *DIREITO PROCESSUAL. RECURSO EXTRAORDINÁRIO. DISSÍDIO COLETIVO. EXTINÇÃO DA AÇÃO DE CUMPRIMENTO DIANTE DA PERDA DE EFICÁCIA DA SENTENÇA NORMATIVA. AUSÊNCIA DE VIOLAÇÃO À COISA JULGADA.*
>
> *1. A extinção da ação de cumprimento, quando decorrente da perda da eficácia da sentença normativa que a ensejou, não implica violação à coisa julgada. Precedente: RE 394.051 — AgR, Rel. Min. Dias Toffoli.*
>
> *2. O acórdão do Tribunal de origem apresenta fundamentação suficiente, embora em sentido contrário aos interesses da parte recorrente, circunstância que não configura violação aos arts. 5º, LIV e LV, e 93, IX, da CF/88.*
>
> *3. Recurso extraordinário a que se nega provimento.*[6]

---

[3] Disponível em: <file:///C:/Users/Microsoft/Downloads/texto_307767043.pdf>. Acesso em: 7 nov. 2015.

[4] Sobre ação de cumprimento, v., nesta coletânea, v. 1, p. 79 e 80.

[5] RE 428.154-PR (Sindicato dos Trabalhadores em Estabelecimentos Estaduais de Ensino Superior de Ponta Grossa — SINTESPO vs. Universidade Estadual de Ponta Grossa) Redator do Acórdão: min. Roberto Barroso.

[6] Disponível em: <file:///C:/Users/Microsoft/Downloads/texto_307323844.pdf>. Acesso em: 8 nov. 2015.

2. SINDICATO. ILEGITIMIDADE PARA AJUIZAMENTO. ADIN

A legitimidade para propor ADIn é exclusiva dos entes elencados, em *numerus clausus*, no art. 103 da Constituição, a saber: Presidentes da República, Mesa do Senado Federal, Mesa da Câmara dos Deputados, Mesa de Assembleia Legislativa ou da Câmara Legislativa do Distrito Federal, governador de Estado ou do Distrito Federal, Procurador-Geral da República, Conselho Federal da Ordem dos Advogados do Brasil, partido político com representação no Congresso Nacional ou confederação sindical ou entidade de classe de âmbito nacional.

Assim, um sindicato não tem essa legitimidade ativa, não podendo prosseguir a ADIn. Foi o que decidiu o ministro Luiz Fux, apreciando a ADIn 5.123-MT[1], em 24.2.2015. A ementa do *decisum* é a seguinte:

> Ação Direta de Inconstitucionalidade. Propositura pelo Sindicato dos Despachantes e das Autoescolas do Estado de Mato Grosso — SINDAED/MT. Entidade que não se caracteriza como de âmbito nacional. Na estrutura sindical brasileira, somente as Confederações sindicais são partes legítimas à propositura das ações relativas ao controle concentrado de constitucionalidade. Art. 103, IX, CRFB/88. Ilegitimidade ativa ad causam. Precedentes. Ação Direta à qual se nega seguimento.[2]

---

[1] ADIn 5.123-MT, de 24.2.2015 (Sindicato dos Despachantes e das Autoescolas do Estado de Mato Grosso — SINDAED/MT *vs.* Governador do Estado de Mato Grosso Intda.: Assembleia Legislativa do Estado de Mato Grosso). Relator: min. Luiz Fux.

[2] Disponível em: <file:///C:/Users/Microsoft/Downloads/texto_304718715%20(1).pdf>. Acesso em: 20 nov. 2015.

**PARTE III
DIREITO PROCESSUAL**

1. COMPETÊNCIA

1.1. APOSENTADORIA COMPLEMENTAR. JUSTIÇA COMUM

Unanimemente, o Pleno do STF reconheceu ser da Justiça estadual comum a competência para processar e julgar demandas relativas à complementação de aposentadoria em ações ajuizadas simultaneamente em juízos diferentes (uma ação civil pública na Justiça estadual e uma reclamação trabalhista na Justiça do Trabalho). Foi assim que ficou decidido no julgamento do ED CC 7.706-SP[1], em 12.3.2015, relatado pelo ministro Dias Toffoli. O aresto está assim ementado:

> *Embargos de declaração em agravo regimental em conflito de competência. Ações judiciais conexas em trâmite perante a Justiça comum e a Justiça do Trabalho. Interpretação extensiva sobre o art. 115 do CPC. Conhecimento do conflito. Ação de complementação de aposentadoria. Aplicação do entendimento firmado no RE nº 586.453/SE. Competência da Justiça comum. Embargos de declaração acolhidos com efeitos modificativos, para conhecer do conflito e reconhecer a competência da Justiça comum para o julgamento da causa.*
>
> *1. Em regra, a admissão do conflito de competência com base no art. 115, III, do CPC exige que haja divergência entre juízos diversos quanto à reunião ou separação dos feitos, consoante expressa previsão do dispositivo.*

---

[1] Terceiros ED no Segundo AGReg. no CC 7.706-SP, de 12.3.2015 (Estado de São Paulo, Companhia de Transmissão de Energia Elétrica Paulista — CTEEP e Fundação CESP *vs.* Tribunal Superior do Trabalho e Superior Tribunal de Justiça. Intdas.: Associação dos Aposentados da Fundação CESP — AAFC e CESP — Companhia Energética de São Paulo) Relator: min. Dias Toffoli.

2. Cabível, todavia, por meio de interpretação extensiva do art. 115, do CPC, o acolhimento do incidente, mesmo ausente a apontada divergência, quando se tratar de ações conexas (com possibilidade, portanto, de prolação de decisões conflitantes) em trâmite perante Justiças distintas e no bojo das quais o apontamento de conexão não se mostrar suficiente à definição da competência para seu processo e julgamento.

3. No caso, trata-se de demandas em trâmite perante a Justiça comum e a justiça trabalhista, em que se discute complementação de aposentadoria, com decisões conflitantes já proferidas, a justificar o conhecimento do conflito.

4. É inaplicável a regra de solução da conexão entre feitos (art. 105, do CPC), uma vez que as ações tramitam perante juízos com competência material distinta — incidindo a vedação decorrente do art. 102 do CPC — e já contam com decisão de mérito — a atrair a aplicação da Súmula nº 235 do STJ.

5. A definição do conflito com base na análise das regras de competência, para se aplicar ao caso a regra geral estabelecida por esta Corte nos autos do RE nº 586.453/SE, com repercussão geral reconhecida, é no sentido de competir à Justiça comum o processamento de demandas ajuizadas contra entidades privadas de previdência complementar, uma vez que a regra de modulação ali prevista (com atribuição de competência à Justiça do Trabalho para processar e julgar todas as causas da espécie em que proferida sentença de mérito até 20/2/13) teve por pressuposto sua incidência sobre demandas únicas, isoladamente consideradas, não tendo sido assentada para reger divergência quanto à competência para o processamento de ações diversas.

6. Embargos de declaração acolhidos com efeitos modificativos, para conhecer do conflito e declarar a competência da Justiça comum para o processo e o julgamento dos feitos.[2]

---

[2] Disponível em: <file:///C:/Users/georgenorfilho/Downloads/texto_15330102991%20(1).pdf>. Acesso em: 9 nov. 2015.

1.2. MENOR. AUTORIZAÇÃO DE TRABALHO. TRABALHO ARTÍSTICO

Duas medidas judiciais tramitam no STF, cuidando de trabalho de menor desenvolvido no meio artístico em geral. Uma é a ADIn 5.326-DF[3]. A outra é a ADPF 361-DF[4].

Ao apreciar o pedido de liminar na ADIn 5.326-DF, em 14.8.2015, o ministro Marco Aurélio deferiu a pretensão determinando que os pedidos de autorização de trabalho artístico para crianças e adolescentes sejam apreciados pela Justiça Comum. O relator ressaltou que a cautelar foi concedida em razão da excepcional urgência do caso.

Essa liminar teve seu julgamento iniciado no dia 12.8 anterior, mas está suspensa face ao pedido de vista deferido à ministra Rosa Weber. Considerando as dificuldades com a situação pendente, o relator concedeu a liminar, determinando que a Justiça comum estadual aprecie os pedidos até que seja julgada a ADIn.

O despacho do ministro Marco Aurélio tem o seguinte teor:

> *PROCESSO OBJETIVO — MEDIDA DE URGÊNCIA — PEDIDO DE VISTA — ATUAÇÃO DO RELATOR — EXCEPCIONALIDADE VERIFICADA.*
>
> *1. O Gabinete prestou as seguintes informações:*
>
> > *A Associação Brasileira de Emissoras de Rádio e Televisão — ABERT, por meio de petição subscrita por profissionais da advocacia regularmente habilitados, e ante a suspensão do julgamento do processo acima identificado,*

---

[3] MC na ADIn 5.326-DF, de 14.8.2015 (Associação Brasileira de Emissoras de Rádio e Televisão — ABERT. Intdos.: corregedor-geral da Justiça do Tribunal de Justiça do Estado de São Paulo, corregedor regional do Tribunal Regional do Trabalho da 2ª Região, corregedor regional do Tribunal Regional do Trabalho da 15ª Região, coordenador da Infância e da Juventude do Tribunal de Justiça do Estado de São Paulo, Ministério Público do Estado de São Paulo, Ministério Público do Trabalho da 2ª Região, Ministério Público do Trabalho da 15ª Região, corregedor-regional do Tribunal Regional do Trabalho da 23ª Região, corregedor-geral da Justiça do Tribunal de Justiça do Estado de Mato Grosso, Ministério Público do Trabalho da 23ª Região, Ministério Público do Estado de Mato Grosso. Rel.: min. Marco Aurélio.

[4] ADPF 361-DF (Associação Nacional dos Magistrados da Justiça do Trabalho — ANAMATRA. Intdos: presidente da República e Congresso NAcional). Rel.: Gilmar Mendes.

em razão do pedido de vista formulado pela ministra Rosa Weber, reitera o pedido de implemento da liminar, mediante decisão monocrática a ser confirmada pelo Pleno, para suspender a eficácia da expressão "inclusive artístico", presente no inciso II da Recomendação Conjunta nº 01/14-SP e no artigo 1º, inciso II, da Recomendação Conjunta nº 01/14-MT, bem como afastar parcialmente a incidência do Ato GP nº 19/2013 e do Provimento GP/CR nº 07/2014, de modo que o Juízo Auxiliar da Infância e Juventude vinculado ao TRT da 2ª Região fique impedido de conhecer dos pedidos de alvará para a participação de menores em representações artísticas até o exame definitivo deste processo. Ressalta que, a despeito dos votos proferidos na sessão plenária, os atos normativos impugnados na ação direta permanecem em vigor e continuam a produzir efeitos deletérios na ordem jurídica, perpetuando grave situação de insegurança jurídica. Diz do elevado tempo médio de devolução dos pedidos de vista. Defende a possibilidade de implemento da liminar monocraticamente na ação direta, em situações de qualificada e excepcional urgência como no caso. Sob o ângulo do risco, realça a grave insegurança jurídica concernente à concessão de alvarás para a participação de menores em representações artísticas, circunstância que tem acarretado a instauração de conflitos de competência e a dificuldade da inclusão de menores em programas artísticos.

Vossa Excelência não acolheu o pedido de ingresso da Associação Nacional dos Procuradores do Trabalho — ANPT — e da Associação Nacional dos Magistrados da Justiça do Trabalho — ANAMATRA. Houve a interposição de agravos, ainda pendentes de exame — cópias dos atos anexas.

A apreciação da medida cautelar na ação direta foi iniciada em 12 de agosto de 2015. Vossa Excelência votou no sentido de implementar a medida acauteladora, para suspender, até o julgamento definitivo deste processo, a eficácia da expressão "inclusive artístico", constante do inciso II da Recomendação Conjunta nº 1/14 e do artigo 1º, inciso II, da Recomendação Conjunta nº 1/14, bem como para afastar a atribuição, definida no Ato GP nº 19/2013 e no Provimento GP/CR nº 07/2014, quanto ao exame de pedidos de alvará visando à participação de crianças e adolescentes em representações artísticas e à criação do Juizado Especial na Justiça do Trabalho, ficando suspensos, por consequência, esses últimos preceitos. Assentou ser da Justiça Comum a competência para analisar tais pleitos, sendo acompanhado pelo ministro Edson Fachin. O julgamento foi suspenso em razão do pedido de vista formulado pela ministra Rosa Weber.

2. Normalmente, aciona-se o artigo 12 da Lei nº 9.868/99 visando ao julgamento definitivo do pedido veiculado na ação direta de inconstitucionalidade. A situação retratada neste processo levou-me, ante a instabilidade jurídica verificada, a submeter ao Plenário o pleito de liminar. Ao voto que proferi, deferindo-a, seguiu-se o do ministro Luiz Edson Fachin, vindo a ministra Rosa Weber a pedir vista.

Está-se diante de quadro a exigir atuação imediata. As autorizações para crianças e adolescentes comparecerem a programas de rádio e televisão, bem como figurarem em peças de teatro, sempre foram formalizadas pelo Juizado Especial — da infância e da juventude — da Justiça Comum. Por isso, após tecer considerações sobre a espécie, pronunciei-me, no que fui acompanhado pelo ministro Luiz Edson Fachin, no sentido do implemento da cautelar. Eis o que tive oportunidade de versar quanto à matéria de fundo:

> *No mérito, em análise precária e efêmera, concluo pela necessidade de implemento da cautelar sob o ângulo da inconstitucionalidade tanto formal como material dos atos impugnados.*
>
> *Quanto à inconstitucionalidade formal, trata-se de dispositivos normativos, a versar distribuição de competência jurisdicional e criação de juízo auxiliar da infância e da juventude no âmbito da Justiça do Trabalho, que não foram veiculados mediante lei ordinária. Do disposto nos artigos 22, inciso I, 113 e 114, inciso IX, da Constituição, depreende-se estarem tais medidas sujeitas, inequivocamente, ao princípio da legalidade estrita. Uma vez editados os aludidos atos*

infralegais para fixar competência jurisdicional e criar órgão judicial, padecem de inconstitucionalidade formal.

Relativamente à inconstitucionalidade material, está revelada, de início, ante a circunstância de ter sido estabelecida competência da Justiça do Trabalho sem respaldo na Constituição.

Não há dúvidas quanto à obrigatoriedade de os pedidos de autorização, para crianças e adolescentes atuarem em eventos artísticos, serem submetidos a Juízes da Infância e Juventude. A questão é definir se devem ser juízos próprios da Justiça Comum, ou se podem ser os criados no âmbito da Justiça do Trabalho.

Em parecer juntado ao processo, a professora Ada Pellegrini Grinover defende que a competência no tocante ao que chamou de "verdadeira tutela diferenciada dos seres humanos em desenvolvimento" cabe à Justiça Comum. Consoante a autora, "a existência de órgãos judiciais voltados exclusivamente à solução de conflitos ou à jurisdição voluntária inerente ao direito de crianças e adolescentes remonta ao revogado Código de Menores, que previa 'a jurisdição de menores' a ser exercida por juiz 'especializado ou não'. Na órbita da organização judiciária, foram criadas 'Varas' ou 'Juizados de Menores', sempre no âmbito da Justiça Comum Estadual".

Compartilho dessa visão.

Concretizando o comando do artigo 227 da Constituição Federal, o legislador ordinário, ao estabelecer o Estatuto da Criança e do Adolescente, previu a "Justiça da Infância e da Juventude". Determinou fosse o "Juiz da Infância e da Juventude" a autoridade judiciária responsável pelos processos de tutela integral dos menores, o qual, apesar da especialização, pertence à Justiça Comum. Trata-se, portanto, de ramo especializado dessa última. Sobre as competências desse Juízo, Ada Pellegrini Grinover, no parecer aludido, observou:

À luz de todas essas considerações, é possível concluir que o Estatuto da Criança e do Adolescente adotou o critério *objetivo-material para determinar a competência a cargo do Juízo da Infância e da Juventude. Ao fazê-lo, o Legislador buscou a proteção integral de crianças e de adolescentes mediante a especialização do órgão judicial incumbido de tal tarefa. O Legislador se amparou na "natureza do fundamento jurídico-substancial da demanda" — como adverte Cândido Rangel Dinamarco a respeito da chamada competência ratione materiae — para enumerar as situações jurídicas que devem ser apreciadas pelo Juízo especializado da Infância e da Juventude.*

Percebe-se, a mais não poder, estar-se diante de competência fixada em razão da matéria, ostentando caráter absoluto. Competência absoluta estabelecida em proveito da especial tutela requerida pelo grupo de destinatários: crianças e adolescentes.

Entre as atribuições definidas, destaca-se a de autorizar a participação de menores em eventos artísticos, cuja possibilidade não foi excluída no Estatuto. Ao contrário, veio a ser observada como importante aspecto do desenvolvimento dos menores. Apenas foi condicionada, nos termos do artigo 149, inciso II, do Estatuto, à autorização judicial a ser implementada pelo Juízo da Infância e da Juventude mediante a expedição de alvará específico. O legislador, no entanto, não deu um "cheque em branco" à autoridade judiciária para decidir. No § 1º do mencionado artigo 149, constam os requisitos aos quais se deve atender na formalização da autorização. São eles:

> *Art. 149. [...]*
>
> *§ 1º Para os fins do disposto neste artigo, a autoridade judiciária levará em conta, dentre outros fatores:*
>
> *a) os princípios desta Lei;*
>
> *b) as peculiaridades locais;*
>
> *c) a existência de instalações adequadas;*
>
> *d) o tipo de frequência habitual ao local;*
>
> *e) a adequação do ambiente a eventual participação ou frequência de crianças e adolescentes;*
>
> *f) a natureza do espetáculo.*

Esses parâmetros servem a evidenciar a inequívoca natureza cível da cognição desempenhada pelo juiz, ausente relação de trabalho a ser julgada. A análise é acerca das condições da representação artística. O juiz deve investigar se essas atendem à exigência de proteção do melhor interesse do menor, contida no artigo 227 da Carta de 1988. Como ressaltou a professora Ada, "só se pode examinar a participação excepcional de crianças e adolescentes em representações artísticas quando ela for pautada, harmonicamente, nos direitos [...] à saúde, à educação, ao lazer, à profissionalização, à cultura, à dignidade, à liberdade e à convivência familiar" desses menores. Cuida-se, como acertadamente defendido na inicial, de uma "avaliação holística" a ser realizada pelo juízo competente e considerados diversos aspectos da vida da criança e do adolescente.

Deve o juiz investigar se a participação artística coloca em risco o adequado desenvolvimento do menor, em especial, os direitos aludidos por Ada Pellegrini Grinover. Tais aspectos compõem o núcleo da atividade judicial quando da concessão da autorização, sendo prioritários quanto aos aspectos puramente contratuais que, uma vez executadas as participações, poderão, aí sim, gerar controvérsias de índole trabalhista a serem solucionadas no âmbito da Justiça especializada. Enquanto no plano da autorização, a atividade é de jurisdição voluntária, de natureza eminentemente civil, envolvida tutela tão somente do adequado desenvolvimento social e cultural do menor.

O Juízo da Infância e da Juventude é a autoridade que reúne os predicados, as capacidades institucionais necessárias para a realização de exame de tamanha relevância e responsabilidade, ante o fato de ser dever fundamental "do Estado assegurar à criança, ao adolescente e ao jovem, com absoluta prioridade, o direito à vida, à saúde, à alimentação, à educação, ao lazer, à profissionalização, à cultura, à dignidade, ao respeito, à liberdade e à convivência familiar e comunitária, além de colocá-los a salvo de toda forma de negligência, discriminação, exploração, violência, crueldade e opressão" (artigo 227 da Carta da República). E, tendo em conta a natureza civil do processo de autorização discutido, esse só pode ser o Juiz da Infância e da Juventude vinculado à Justiça Estadual.

Ante tal quadro, é de se consignar não alcançar o artigo 114, incisos I e IX, com a redação dada pela Emenda Constitucional nº 45, de 2004, versada a competência da Justiça do Trabalho, os casos de pedido de autorização para participação de crianças e adolescentes em eventos artísticos, ante a ausência de conflito atinente a relação de trabalho. Como advertiu Ada Pellegrini Grinover:

> *Com efeito, não parece lícito baralhar matéria tipicamente trabalhista com matéria civil; ou, como no caso versado no presente parecer, sobre direito da Criança e do Adolescente, em que o âmago da pretensão deduzida em juízo pode guardar apenas circunstancial e incidentalmente relação com algum aspecto do Direito do Trabalho.*
>
> *Ora, parece razoavelmente claro que o elemento determinante da competência, no caso, é a matéria assimilada ao pedido de autorização para participação de criança ou adolescente em representações artísticas; para a qual, pela especialização, não está ordinariamente habilitado o magistrado integrante da Justiça do Trabalho. Assim, alargar-se a competência da Justiça do Trabalho para julgar controvérsias relativas ao direito da criança e do adolescente seria trair a racionalidade que se contém na divisão de competência pelo critério da matéria, submetendo a dado órgão judicial um assunto que, a rigor, lhe é estranho.*

Considerados os interesses envolvidos e a natureza da mencionada autorização, não resta dúvida consubstanciar provimento de natureza civil, de típica jurisdição voluntária, alcançando campo amplo de exame sobre direitos da criança e do adolescente, de modo que a competência para tanto só pode ser do Juiz da Infância e da Juventude inserido no âmbito da Justiça Comum. Por essa razão, as normas impugnadas sinalizam violação aos artigos 114, incisos I e IX, 125, § 1º, e 227 da Constituição, assim como ao princípio constitucional do juiz natural — artigo 5º, inciso LIII, da Carta de 1988.

3. Convencido da urgência da apreciação do tema, defiro a liminar pleiteada tal como o fiz no dispositivo do voto proferido:

Diante do exposto, admito a ação direta de inconstitucionalidade e voto no sentido de implementar a medida acauteladora, para suspender, até o exame definitivo deste processo, a eficácia da expressão "inclusive artístico", constante do inciso II da Recomendação Conjunta nº 1/14 e do artigo 1º, inciso II, da Recomendação Conjunta nº 1/14, bem como para afastar a atribuição, definida no Ato GP nº 19/2013 e no Provimento GP/CR nº 07/2014, quanto à apreciação de pedidos de alvará visando à participação de crianças e adolescentes em representações artísticas e à criação do Juizado Especial na Justiça do Trabalho, ficando suspensos, por consequência, esses últimos preceitos. Alfim, neste primeiro exame, assento ser da Justiça Comum a competência para analisar tais pedidos.

4. Publiquem.[5]

Quanto à ADPF 361-DF, pretende que o STF defina a competência (da Justiça do Trabalho ou da Justiça comum estadual) para fins de concessão de autorização judicial a crianças e adolescentes para trabalharem. Essa ADPF tem a relatoria do ministro Gilmar Mendes e até dezembro de 2015 não havia sido apreciada.

A pretensão é que o § 2º do art. 405 e o *caput* do art. 406, da CLT, da mesma forma como o inciso II do art. 149 do Estatuto da Criança e do Adolescente (ECA), não foram recepcionados pela Constituição, a partir da Emenda n. 45/2015.

Deseja a autora da arguição que seja concedida liminar para a suspensão dos dispositivos questionados e, no mérito, proclamado que a autorização de trabalho ou participação de eventos (com natureza de relação de trabalho) de menores de idade deve ser submetida à Justiça do Trabalho e não à Justiça comum estadual[6].

---

[5] Disponível em: <http://www.stf.jus.br/portal/processo/verProcessoAndamento.asp?incidente=4781750>. Acesso em: 7 nov. 2015.

[6] V. noticiário a respeito *in* <http://www.stf.jus.br/portal/cms/verNoticiaDetalhe.asp?idConteudo=298468>. Acesso em: 20 set. 2015.

1.3. SERVIDOR ESTADUAL CELETISTA[7]

1.3.1. JUSTIÇA DO TRABALHO

Tema que permanece controvertido no STF é o referente à competência para processar e julgar ações entre o Poder Público e seus servidores regidos pela CLT. No caso do ARE 906.491-DF[8], de 1.10.2015, foi reconhecida repercussão geral e reafirmada a competência da Justiça do Trabalho para essa matéria, que envolvia o Estado do Piauí e uma professora regida pela CLT, sem aprovação em concurso público, que adquirira estabilidade a partir da promulgação da Constituição de 1988. Reconhecendo a competência da Justiça do Trabalho, o relator, ministro Teori Zavascki, acompanhado pela maioria do colegiado, proferiu *decisum* assim ementado:

> *CONSTITUCIONAL. TRABALHISTA. COMPETÊNCIA. SERVIDOR PÚBLICO ADMITIDO SEM CONCURSO PÚBLICO, PELO REGIME DA CLT, ANTES DO ADVENTO DA CONSTITUIÇÃO DE 1988. DEMANDA VISANDO OBTER PRESTAÇÕES DECORRENTES DA RELAÇÃO DE TRABALHO. COMPETÊNCIA DA JUSTIÇA DO TRABALHO. REPERCUSSÃO GERAL CONFIGURADA. REAFIRMAÇÃO DE JURISPRUDÊNCIA.*
>
> *1. Em regime de repercussão geral, fica reafirmada a jurisprudência do Supremo Tribunal Federal no sentido de ser da competência da Justiça do Trabalho processar e julgar demandas visando a obter prestações de natureza trabalhista, ajuizadas contra órgãos da Administração Pública por servidores que ingressaram em seus quadros, sem concurso público, antes do advento da CF/88, sob regime da Consolidação das Leis do Trabalho — CLT. Inaplicabilidade, em casos tais, dos precedentes formados na ADI 3.395-MC (Rel. Min. CEZAR PELUSO, DJ de 10/11/2006)*

---

[7] Sobre esse tema, v., nesta coletânea, v. 3, p. 76, v. 4, p. 71 e v. 8, p. 45.

[8] AGR 906.491-DF, de 1.10.2015 (Estado do Piauí vs. Maria Auxiliadora Alves de Sousa Clementino). Rel.: min. Teori Zavascki. No mesmo sentido: CC 7.942-PI, de 26.11.2015 (Juiz de Direito da Vara Única da Comarca de Antônio Almeida vs. Tribunal Superior do Trabalho Intdo.(a/s): Maria José Ribeiro Guimarães e Estado do Piauí). Rel.: min. Gilmar Mendes. Disponível em: file:///C:/Users/Microsoft/Downloads/texto_308270365.pdf. Acesso em 21.12.2015.

e no RE 573.202 (Rel. Min. RICARDO LEWANDOWSKI, DJe de 5/12/2008, Tema 43).

2. Agravo a que se conhece para negar seguimento ao recurso extraordinário.[9]

1.3.2. JUSTIÇA COMUM ESTADUAL

No RCL 4.351-PE MC-AgR[10], o Pleno do STF entendeu que é da Justiça estadual comum a competência para processar e julgar as ações em que se discuta vinculo jurídico-administrativo entre servidores temporários e o poder público, mesmo que sejam regidos pela CLT. O redator do acórdão é o ministro Dias Toffoli e a decisão é de 11.11.2015. O registro noticioso no informativo do STF é o seguinte:

> *A justiça comum é competente para processar e julgar causas em que se discuta a validade de vínculo jurídico-administrativo entre o poder público e servidores temporários. Esse o entendimento do Plenário que, em conclusão e por maioria, deu provimento a agravo regimental e julgou procedente pedido formulado em reclamação ajuizada com o objetivo de suspender ação civil pública proposta pelo Ministério Público do Trabalho perante vara trabalhista. No caso, o "parquet" pretendia a anulação de contratações e de credenciamentos de profissionais — ditos empregados públicos — sem a prévia aprovação em concurso público. Alegava-se afronta ao que decidido pelo STF na ADI 3.395 MC/DF (DJU de 10.11.2006), tendo em conta que o julgamento da lide competiria à justiça comum — v. Informativo 596. O Colegiado asseverou que a orientação firmada na decisão paradigma seria no sentido de competir à justiça comum o julgamento de litígios baseados em contratação temporária para o exercício de função pública, instituída por lei local em vigência antes ou depois da CF/1988. Isso não atrairia a competência da justiça trabalhista a alegação*

---

[9] Disponível em: <file:///C:/Users/Microsoft/Downloads/texto_307877853%20(1).pdf>. Acesso em: 20 nov. 2015.

[10] RCL 4.351-PE, de 11.11.2015 (Município do Recife *vs.* Juiz do Trabalho da 4ª Vara do Trabalho de Recife (Ação Civil Pública n. 1968-2005-004-06-00-9) Intdo.: Ministerio Público do Trabalho)

de desvirtuamento do vínculo. Assim, a existência de pedidos fundados na CLT ou no FGTS não descaracterizaria a competência da justiça comum. Por fim, o Tribunal deliberou anular os atos decisórios até então proferidos pela justiça laboral e determinar o envio dos autos da ação civil pública à justiça comum competente. Vencidos os ministros Marco Aurélio (relator) e Rosa Weber, que negavam provimento ao agravo.[11]

1.4. TRABALHO "ESCRAVO"[12]

Em 26.11.2015, o Pleno do STF reconheceu, por maioria, ser da Justiça Federal a competência para decidir sobre a prática de exploração de trabalho análogo ao de escravo o trabalho forçado, que é condenado pela OIT. Ocorreu ao ser julgado o RE 459.510-MT[13], prevalecendo a divergência do ministro Dias Toffoli, que redigirá o acórdão. O informe noticioso a respeito é o seguinte:

> *Durante sessão realizada na tarde desta quinta-feira (26), o Plenário do Supremo Tribunal Federal (STF) reafirmou jurisprudência da Corte no sentido de que cabe à Justiça Federal processar e julgar o crime de exploração de trabalho escravo. A discussão ocorreu no julgamento do Recurso Extraordinário (RE) 459510, interposto pelo Ministério Público Federal (MPF) contra decisão do Tribunal Regional Federal da 1ª Região (TRF-1) que remeteu para a Justiça de Mato Grosso denúncia de trabalho escravo na Fazenda Jaboticabal.*
>
> *Em 4 fevereiro de 2010, o relator do recurso, ministro Cezar Peluso (aposentado), propôs alteração do entendimento do Tribunal sobre a matéria no sentido de que o delito passasse a ser julgado pela Justiça estadual. Segundo ele, o crime de redução à condição análoga à de escravo visa proteger a pessoa humana e não a*

---

[11] In Informativo STF n. 807 (9 a 13.11.2015). Disponível em: *http://www.stf.jus.br/arquivo/informativo/documento/informativo807.htm*. Acesso em 21.11.2015

[12] Sobre trabalho forçado, v., nesta coletânea, v. 10, p. 40, v. 13, p. 51, v. 16, p. 57, e v. 17, p. 74.

[13] RE 459.510-MT, de 26.11.2015 (Ministério Público Federal *vs.* Gilvan José Garaffa, Luciane Franco Garaffa, João Maria Bassani e Heiror Clemente). Red. p/ acórdão: Min. Dias Toffoli.

organização do trabalho, portanto, verificou que o caso concreto não seria da competência da Justiça Federal. O relator, ao negar provimento ao recurso, ficou vencido.

A maioria dos ministros seguiu a divergência do voto do ministro Dias Toffoli, que se posicionou pela manutenção da jurisprudência. Para ele, a matéria é de competência da Justiça Federal, dessa forma, os crimes contra a organização do trabalho — no caso, trabalho escravo — devem ser apurados pela Procuradoria Geral da República (PGR).

"Esse é um tema extremamente relevante na minha óptica e isso não pode ficar junto ao Ministério Público local ou às polícias locais", afirmou o ministro. Segundo ele, muitos desses delitos são transestaduais, uma vez que há vários casos de pessoas que são recrutadas em um Estado e levadas para outros Estados.

O ministro Dias Toffoli também destacou que alguns casos podem repercutir, posteriormente, em cortes internacionais de direitos humanos, situação na qual quem responde é a União em nome dos Estados. Ele acrescentou, ainda, que "muitas vezes as instituições locais não dão a devida atenção a tão grave situação concreta".

Apesar de ter acompanhado a divergência quanto ao caso, o presidente do STF, ministro Ricardo Lewandowski, expressou preocupação quanto ao esvaziamento da competência das autoridades judiciárias e do Ministério Público locais no que diz respeito à defesa dos direitos fundamentos da pessoa humana. "É dever de qualquer juiz, de todos os ramos, defender os direitos fundamentais da pessoa humana. Essa não é uma competência exclusiva da Justiça Federal e acho que essa competência concorrente é extremamente salutar", disse, ao acrescentar que "nós temos hoje uma Justiça estadual forte, presente, aparelhada, preparada para fazer face aos mais diversos desafios".

Acompanharam a divergência, pelo provimento do recurso, os ministros Joaquim Barbosa (aposentado), Luís Roberto Barroso, Teori Zavascki, Luiz Fux, Cármen Lúcia, Gilmar Mendes e Ricardo Lewanwdoski.

Repercussão

O RE não teve repercussão geral reconhecida, portanto o julgamento de hoje atinge apenas o caso dos autos. Porém, o entendimento firmado pode servir de precedente para situações análogas, uma vez que reafirma a jurisprudência da Corte.

Segundo os autos, o Grupo de Fiscalização do Ministério do Trabalho encontrou 53 trabalhadores em situação degradante na Fazenda Jabotibacal. Os empregados estavam alojados em locais precários, sem a mínima condição de higiene, iluminação, local adequado para cozinhar, sanitários, alimentação saudável, assistência médica e agua potável, trabalhavam sem equipamento de segurança e estavam expostos a intempéries e acidentes de trabalho.[14]

---

[14] Disponível em: <http://www.stf.jus.br/portal/cms/verNoticiaDetalhe.asp?idConteudo=304917>. Acesso em: 21 dez. 2015.

2. EMBARGOS DE DECLARAÇÃO[1]. ERRO DE JULGAMENTO

Por maioria, o STF entendeu que embargos de declaração não se prestam para corrigir eventual erro de julgamento. Foi o que ficou decidido quando apreciados, em 14.5.2015, os embargos de divergência no RE 194.662-BA[2], cuja redação do acórdão coube ao ministro Marco Aurélio. O noticiário a respeito é o seguinte:

> *O Plenário do Supremo Tribunal Federal (STF), em sessão nesta quinta-feira (14), deu provimento a embargos de divergência em Recurso Extraordinário (RE 194662) para restabelecer decisão no sentido de que a convenção coletiva dos empregados do Polo Petroquímico de Camaçari (BA) deveria prevalecer sobre a Lei 8.030/1990, que instituiu o Plano Collor e definiu reajustes menos favoráveis aos trabalhadores. Os embargos de divergência foram opostos pelo Sindicato dos Trabalhadores nas Indústrias e Empresas Petroquímicas, Químicas Plásticas e Afins do Estado da Bahia (Sindiquímica) contra decisão posterior da Segunda Turma do STF, que, ao apreciar embargos de declaração, havia reformado o acórdão inicial.*
>
> *O julgamento do RE foi retomado com o voto-vista do ministro Teori Zavascki, que não conhecia dos embargos. Segundo o ministro, em casos excepcionais, o STF admite que embargos de declaração tenham efeitos infringentes. Em seu entendimento, a decisão da Turma teria contrariado a jurisprudência do Tribunal, o*

---

[1] Sobre embargos de declaração, v., nesta coletânea, v. 3, p. 86.
[2] ED nos ED nos ED no RE 194.662-BA, de 14.5.2015 (Sindicato dos Trabalhadores do Ramo Químico e Petroleiro do Estado da Bahia — Químicos/Petroleiros *vs.* Sindicato das Indústrias de Produtos Químicos para fins Industriais, Petroquímicas e de Resinas Sintéticas de Camaçari, Candeias e Dias D'Avila — SINPEQ). Redator do Acórdão RISTF: min. Marco Aurélio.

que configuraria a excepcionalidade. Ele foi seguido pelo ministro Luiz Fux.

O ministro Celso de Mello, em voto pelo provimento dos embargos, observou que, embora a jurisprudência do STF aceite embargos de declaração com efeitos infringentes, eles não são cabíveis para corrigir eventual erro de julgamento, mas apenas nos casos em que haja premissa equivocada, com reconhecimento de erro material ou de fato. Votaram no mesmo sentido as ministras Rosa Weber e Cármen Lúcia.

Por maioria de votos prevaleceu o entendimento do relator dos embargos de divergência, ministro Sepúlveda Pertence (aposentado), que votou no sentido de conhecer e dar provimento aos embargos de divergência para anular o acórdão da Segunda Turma do STF no julgamento dos primeiros Embargos de Declaração. Segundo ele, os embargos não poderiam ter sido providos para a correção de possível erro de julgamento.

Como se trata de reafirmação de jurisprudência do Tribunal, os ministros acolheram proposta formulada pelo ministro Luís Roberto Barroso para fixar tese em acórdão de que "embargos de declaração não se prestam a corrigir possíveis erros de julgamento".[3]

---

[3] Disponível em: <http://www.stf.jus.br/portal/cms/verNoticiaDetalhe.asp?idConteudo=291562>. Acesso em: 8 jun. 2015.

PARTE IV
SERVIÇO PÚBLICO

1. ABONO DE PERMANÊNCIA. SUSPENSÃO DE DECISÃO DO T.C.U.

A partir de 2003, com a Emenda n. 41, a Constituição da República passou a reconhecer ser direito do servidor que, tendo implementado todas as condições para usufruir de aposentadoria voluntária, decide permanecer em atividade, passando, então, a receber abono de permanência no valor da contribuição previdenciária que lhe é descontada, para compensar não estar exercendo o direito de aposentadoria.

Apreciando o MS 33.456-DF[1], de 18.3.2015, o ministro Marco Aurélio deferiu liminar suspendendo os efeitos de acórdão do Tribunal de Contas da União que determinara aos tribunais federais em geral a observância do preenchimento do requisito de tempo mínimo de cinco anos no cargo para a concessão desse direito constitucional. É a seguinte a decisão liminar:

> *MANDADO DE SEGURANÇA COLETIVO — PODER JUDICIÁRIO — ABONO DE PERMANÊNCIA — PEDIDO LIMINAR — PRECEDENTE — DEFERIMENTO.*
>
> *1. O assessor Dr. Rodrigo Crelier Zambão da Silva prestou as seguintes informações:*
>
>> *A Associação Nacional dos Magistrados da Justiça do Trabalho — ANAMATRA — insurge-se contra o acórdão por meio do qual o Tribunal de Contas da União definiu as balizas para o pagamento de abono de permanência no âmbito do Poder Judiciário Federal.*

---

[1] MS 33.456-DF, de 14.5.2015 (Associação Nacional dos Magistrados da Justiça do Trabalho — ANAMATRA vs. Tribunal de Contas da União. Litisconsortes passivos: Associação Nacional dos Juízes Federais — AJUFE e Associação dos Magistrados Brasileiros — AMB). Rel.: min. Marco Aurélio.

Consoante narra, na decisão impugnada, determinou--se que os Tribunais Federais observem o requisito do tempo mínimo de cinco anos no cargo, de carreira ou isolado, para o implemento do benefício, em consonância com o § 19 do artigo 40 da Constituição da República.

Destaca a força vinculante do pronunciamento. Diz da existência de comunicação enviada pelo órgão de fiscalização aos Tribunais Federais, para que procedam à adequação do pagamento do abono de permanência a esses parâmetros.

No tocante à legitimidade para a impetração, evoca o artigo 5º, inciso XXI, da Constituição Federal e o Verbete nº 629 da Súmula do Supremo. Ressalta o caráter positivo do ato atacado, de maneira a atrair a competência do Tribunal, na forma do artigo 102, inciso I, alínea "r", da Lei Maior.

Menciona anterior entendimento do Tribunal de Contas no sentido de que a isenção de contribuição previdenciária (instituto substituído pelo abono de permanência com o advento da Emenda Constitucional nº 41/2003) dependeria do cumprimento de apenas dois requisitos: (1) o preenchimento das exigências para a aposentadoria voluntária integral e (2) a permanência na atividade.

Segundo argumenta, em outras decisões, o Órgão de contas, ao enfrentar a temática da isenção de contribuição previdenciária, adotou a óptica de que a Carta Federal não exigia que os cinco anos de judicatura fossem prestados diretamente no Tribunal onde o magistrado exerce as funções, mas no ramo do Poder Judiciário que integra.

Aponta injustificável a mudança de orientação quanto ao abono de permanência, já que resultante de interpretação equivocada do inciso III do § 1º do artigo 40 da Constituição Federal. Conforme enfatiza, deve-se emprestar à expressão "cinco anos no cargo efetivo em que se dará a aposentadoria" abordagem a considerar a estrutura do Poder Judiciário como um todo. Assinala que o inciso V do artigo 93 da Lei Fundamental traz vinculação direta e vertical entre o subsídio dos ministros do Supremo e os dos demais juízes, aspecto a reforçar o caráter nacional do Poder da República.

Pondera não ser razoável que a ascensão na estrutura do Poder Judiciário justifique diminuição dos ganhos de membro ao qual já se satisfaz o benefício previsto no § 19 do artigo 40 da Carta da República.

Defende a garantia da irredutibilidade da remuneração do magistrado que venha a evoluir na estrutura do Poder Judiciário ou a manutenção do recebimento de valores correspondentes ao cargo em que poderia ter ocorrido a inatividade, até que se completem os cinco anos exigidos pelo inciso III do § 1º do artigo 40 do Texto Maior.

Requer o deferimento da medida acauteladora e da segurança, nos termos em que pretendidas na impetração.

O processo — inicialmente distribuído à ministra Rosa Weber — foi submetido à Presidência do Tribunal, a qual, na forma do artigo 69 do Regimento Interno do Supremo, determinou fosse implementada redistribuição, ante a prevenção de relatoria por força do Mandado de Segurança nº 33.424.

2. Percebam as balizas objetivas reveladas. O Tribunal de Contas da União conferiu interpretação ao § 19 do artigo 40 da Carta da República capaz de viabilizar a glosa dos valores correspondentes ao abono de permanência. Segundo a óptica adotada, é necessário o preenchimento do requisito de tempo mínimo de cinco anos no cargo, de carreira ou isolado, tanto para a concessão de aposentadoria como para o recebimento da mencionada parcela.

Surge a relevância do pedido de implemento de liminar. Consoante fiz ver em decisão formalizada no Mandado de Segurança nº 33.424, note-se que o Órgão dito coator desconsiderou o caráter uno e indivisível do Poder Judiciário nacional, conforme se extrai do disposto nos artigos 92 e seguintes do Diploma Maior. Trata-se de elemento que deveria ter informado a interpretação do preceito constitucional que disciplina o benefício discutido no mandado de segurança.

Acresce que o ato impugnado tem o potencial de implicar redução de subsídio em situações caracterizadas como ascensão na estrutura do Poder Judiciário. Eventuais deslocamentos *verificados não podem resultar em prejuízo para os beneficiados, valendo notar que o abono é um incentivo à permanência em atividade por aqueles que já hajam preenchido as condições para a aposentadoria. Eis a inteligência do § 19 do artigo 40 da Carta da República:*

> *§ 19. O servidor de que trata este artigo que tenha completado as exigências para aposentadoria voluntária estabelecidas no § 1º, III, a, e que opte por permanecer em atividade fará jus a um abono de permanência equivalente ao valor da sua contribuição previdenciária até completar as exigências para aposentadoria compulsória contidas no § 1º, II.*

Há fundamentação idônea a justificar o implemento da medida de urgência, nos termos do inciso III do artigo 7º da Lei nº 12.016/2009. O perigo da demora revela-se pelos prejuízos que a manutenção da glosa pode trazer ao valor real da remuneração daqueles alcançados pelos efeitos da decisão atacada.

3. Defiro a providência acauteladora, determinando, em relação aos representados pela impetrante, a suspensão dos efeitos do Acórdão nº 3.445/2014, do Tribunal de Contas da União, até o julgamento final deste mandado de segurança.

4. Solicitem informações.

5. Após as manifestações, colham o parecer da Procuradoria Geral da República.

6. Publiquem.[2]

---

[2] Disponível em: <file:///C:/Users/Microsoft/Downloads/texto_306829371%20(2).pdf>. Acesso em: 22 nov. 2015.

2. CONCURSO PÚBLICO. BANCA EXAMINADORA. NÃO INTERFERÊNCIA DO PODER JUDICIÁRIO

Na tradição de precedentes antigos, o ministro Gilmar Mendes relatou o RE 632.853-CE[1], de 23.4.2015, considerando que apenas em casos de flagrante ilegalidade ou inconstitucionalidade caberá ao Poder Judiciário rever critérios de correção e avaliação fixados por banca examinadora de concurso público. O tema teve fixada repercussão geral. Esse entendimento, aliás, vem na linha de diversos precedentes anteriores, onde deve ser observado que o concurso público rege-se por seu edital, e nele estão todos os comandos que devem ser atendidos pelos examinadores, da mesma forma como os temas que serão objeto de avaliação por parte dos candidatos. Tem o julgado a seguinte ementa:

1. Recurso extraordinário com repercussão geral.

2. Concurso público. Correção de prova. Não compete ao Poder Judiciário, no controle de legalidade, substituir banca examinadora para avaliar respostas dadas pelos candidatos e notas a elas atribuídas. Precedentes.

3. Excepcionalmente, é permitido ao Judiciário juízo de compatibilidade do conteúdo das questões do concurso com o previsto no edital do certame. Precedentes.

4. Recurso extraordinário provido.[2]

---

[1] RE 632.853-CE, de 23.4.2015 (Estado do Ceará *vs.* Tereza Maria Carvalho Pinheiro e Outro (a/s). Am. Curiae: União, Estado do Rio Grande do Sul e Conselho Federal da Ordem dos Advogados do Brasil — CFOAB). Relator: min. Gilmar Mendes.

[2] Disponível em: <file:///C:/Users/Microsoft/Downloads/texto_307111179.pdf>. Acesso em: 8 nov. 2015.

3. EMPREGADO PÚBLICO. DISPENSA APÓS APOSENTADORIA. REINTEGRAÇÃO

O empregado público que se aposenta espontaneamente não pode ser dispensado pelo ente público empregador, que, em o fazendo, deverá reintegrar o trabalhador. Assim ficou decidido na RCL 19.856-PR[1], de 28.5.2015, relatada pelo ministro Luis Roberto Barroso. O *decisum* é o seguinte:

> DIREITO DO TRABALHO. RECLAMAÇÃO. *APOSENTADORIA ESPONTÂNEA. EMPREGADO PÚBLICO. 1. A aposentadoria espontânea não rompe o vínculo de trabalho do empregado público. 2. Reclamação julgada procedente.*
>
> *1. Trata-se de reclamação, com pedido liminar, contra decisão do TRT da 9ª Região, nos autos nº 0000197-17.2014.5.09.0089, que julgou improcedente pedido de reintegração de empregada pública dispensada em razão da aposentadoria espontânea. Confira-se trecho do julgado:*
>
>> *"Incontroverso que a reclamante foi contratada pelo Município em 1/2/2003 sob o regime da CLT (conforme fl. 15 da CTPS acostada à inicial) e dispensada em 30/3/2012 em razão de sua aposentadoria espontânea (conforme CTPS e TRCT anexados pela autora).*

---

[1] RCL 19.856-PR, de 28.5.2015 (Marlene Correa dos Santos Conceição *vs.* Tribunal Regional do Trabalho da 9ª Região. Intdo.: Município de Marumbi). Rel.: Min. Roberto Barroso, No mesmo sentido: Rcl 8168 MC / SC, de 19.11.2015 (Companhia Integrada de Desenvolvimento Agrícola de Santa Catarina — DIDASC *vs.* Juiz do Trabalho da 7ª Vara do Trabalho de Florianópolis (Processo n. 01839-2009-037-12-00-2). Intdo. (a/s): Antônio Pereira e outro(a/s). Red. p/ acórdão: min. Édson Fachin. Disponível em: http://www.stf.jus.br/portal/processo/verProcessoAndamento.asp?numero=8168&classe=Rcl-MC&codigoClasse=0&origem=JUR&recurso=0&tipoJulgamento=M. Acesso em 21.12.2015.

O STF, na ADI 1.770-4, declarou a inconstitucionalidade do §1º do art. 453 da CLT, o qual permitia a readmissão de empregados de empresas públicas e sociedade de economia, desde que atendidos os requisitos constantes do artigo 37, inciso XVI, da Constituição, e condicionada à prestação de concurso público, o que implica concluir que, mesmo que preenchidos os requisitos do art. 37 da CF, não se admite a readmissão.

Ainda, além de afastar tal possibilidade, restou claro na decisão do STF o óbice à continuidade do vínculo após a aposentadoria do empregado em razão da proibição da acumulação de proventos e vencimentos pelos empregados de empresas públicas e de sociedades de economia mista, cujo entendimento é fundamentado no art. 37, XVII da CF.

Assim, o pedido de aposentadoria espontânea de empregados da administração pública direta implica em extinção do vínculo de emprego, exceto se ocorrerem as hipóteses em que a acumulação é autorizada (art. 17 do ADCT) e haja submissão a novo concurso público, em face da vedação de acumulação dos proventos da aposentadoria com salários do contrato de emprego.

Desse modo, levando-se em conta tal vedação, conclui-se que a opção pela aposentadoria espontânea revela interesse do trabalhador em não mais continuar laborando para o ente público.

Insta esclarecer que a declaração de inconstitucionalidade do art. 453, § 1º, da CLT, ocorreu na forma do controle concentrado cujos efeitos são 'erga omnes' e, em regra, 'ex tunc', ou seja, a nulidade da lei retroage à data de sua entrada em vigor, sendo que não houve a concessão de efeitos excepcionais na ADI 1770.

Diante do exposto, não se vislumbra amparo ao reconhecimento do direito à reintegração, tampouco quanto ao sucessivo de indenização correspondente ao período de estabilidade no emprego, porquanto se reconhece legítima a dispensa imotivada".

2. A parte reclamante alega má aplicação da decisão tomada pelo STF na ADI 1.770. Defende que a aposentadoria espontânea não rompe o vínculo empregatício, do que decorreria o seu direito à permanência nos quadros do Município de Marumbi/PR.

3. Em 30.3.2015, deferi medida liminar para determinar o sobrestamento do feito na origem.

4. A autoridade reclamada prestou informações, nas quais noticia ter sido inadmitido o recurso de revista interposto contra o acórdão reclamado, considerado prematuro (docs. 16 e 18).

5. A Procuradoria-Geral da República manifestou-se pela negativa de seguimento, uma vez que a reclamação estaria sendo usada como sucedâneo de agravo em recurso de revista.

6. É o relatório. Decido.

7. Afasto, de início, a alegação de inadmissibilidade do feito. Embora não indicado no andamento juntado aos autos pela autoridade reclamada, a consulta processual na página eletrônica do TRT da 9ª Região indica que a decisão que inadmitiu o recurso de revista foi publicada no DJe em 5.3.2015. Considerado o prazo de 8 (oito) dias para a interposição do agravo (art. 897, b, da CLT), o último dia do prazo recursal foi 13.3.2015, data na qual foi ajuizada a presente reclamação — antes, portanto, do trânsito em julgado na origem.

8. Observo ainda que, nos termos do recente entendimento firmado no STF (AI 703.269, Rel. Min. Luiz Fux, j. 6.3.2015), o recurso prematuro não deve ser tratado como intempestivo. Assim, embora não caiba a esta Corte revisar, em recurso extraordinário, a admissão de recursos da competência de outros Tribunais (RE 598.365, Rel. Min. Ayres Britto) — por não se tratar de matéria constitucional —, para fins de cabimento desta reclamação (Súmula 734/STF), não se pode considerar transitada em julgado a decisão reclamada, devido à interposição de recurso prematuro, pois não é intempestivo. Dito isso, passo ao mérito.

9. Assim dispunham os §§ 1º e 2º do art. 453 da CLT, na redação conferida pela Lei nº 9.528/1997:

> *"§ 1º Na aposentadoria espontânea de empregados das empresas públicas e sociedades de economia mista é*

permitida sua readmissão desde que atendidos os requisitos constantes do art. 37, inciso XVI, da Constituição, e condicionada à prestação de concurso público.

§ 2º O ato de concessão de benefício de aposentadoria a empregado que não tiver completado 35 (trinta e cinco) anos de serviço, se homem, ou trinta, se mulher, importa em extinção do vínculo empregatício."

10. Os dois parágrafos acima transcritos foram declarados inválidos, respectivamente, nos autos da ADI 1.770, rel. min. Joaquim Barbosa, e da ADI 1.721, rel. min. Ayres Britto, ambas julgadas no mesmo dia (11.10.2006). Transcrevo abaixo as respectivas ementas:

ADI 1.770: "AÇÃO DIRETA DE INCONSTITUCIONALIDADE. READMISSÃO DE EMPREGADOS DE EMPRESAS PÚBLICAS E SOCIEDADES DE ECONOMIA MISTA. ACUMULAÇÃO DE PROVENTOS E VENCIMENTOS. EXTINÇÃO DO VÍNCULO EMPREGATÍCIO POR APOSENTADORIA ESPONTÂNEA. NÃO CONHECIMENTO. INCONSTITUCIONALIDADE. (...) É inconstitucional o § 1º do art. 453 da CLT, com a redação dada pela Lei 9.528/1997, quer porque permite, como regra, a acumulação de proventos e vencimentos — vedada pela jurisprudência do Supremo Tribunal Federal —, quer porque se funda na ideia de que a aposentadoria espontânea rompe o vínculo empregatício. Pedido não conhecido quanto ao art. 11, e parágrafos, da Lei nº 9.528/1997. Ação conhecida quanto ao § 1º do art. 453 da Consolidação das Leis do Trabalho, na redação dada pelo art. 3º da mesma Lei 9.528/1997, para declarar sua inconstitucionalidade." (destaques acrescentados)

ADI 1.721: "AÇÃO DIRETA DE INCONSTITUCIONALIDADE. ARTIGO 3º DA MEDIDA PROVISÓRIA Nº 1.596-14/97, CONVERTIDA NA LEI Nº 9.528/97, QUE ADICIONOU AO ARTIGO 453 DA CONSOLIDAÇÃO DAS LEIS DO TRABALHO UM SEGUNDO PARÁGRAFO PARA EXTINGUIR O VÍNCULO EMPREGATÍCIO QUANDO DA CONCESSÃO DA APOSENTADORIA ESPONTÂNEA. PROCEDÊNCIA DA

AÇÃO. (...) 3. A Constituição Federal versa a aposentadoria como um benefício que se dá mediante o exercício regular de um direito. E o certo é que o regular exercício de um direito não é de colocar o seu titular numa situação jurídico--passiva de efeitos ainda mais drásticos do que aqueles que resultariam do cometimento de uma falta grave (sabido que, nesse caso, a ruptura do vínculo empregatício não opera automaticamente). 4. O direito à aposentadoria previdenciária, uma vez objetivamente constituído, se dá no âmago de uma relação jurídica entre o segurado do Sistema Geral de Previdência e o Instituto Nacional de Seguro Social. Às expensas, portanto, de um sistema atuarial-financeiro que é gerido por esse Instituto mesmo, e não às custas desse ou daquele empregador. 5. O Ordenamento Constitucional não autoriza o legislador ordinário a criar modalidade de rompimento automático do vínculo de emprego, em desfavor do trabalhador, na situação em que este apenas exercita o seu direito de aposentadoria espontânea, sem cometer deslize algum. 6. A mera concessão da aposentadoria voluntária ao trabalhador não tem por efeito extinguir, instantânea e automaticamente, o seu vínculo de emprego. 7. Inconstitucionalidade do § 2º do artigo 453 da Consolidação das Leis do Trabalho, introduzido pela Lei nº 9.528/97." (destaques acrescentados)

11. Na ADI 1.770, como visto, foram usados dois fundamentos para o juízo de inconstitucionalidade: (i) impossibilidade de acumulação de proventos com vencimentos; e (ii) ausência de rompimento de vínculo empregatício com o pedido de aposentadoria. Já na ADI 1.721 somente foi utilizada a segunda motivação. Os dois argumentos invocados na ADI 1.770 são mutuamente excludentes, a depender do entendimento que se adote quanto à aplicação, ou não, da vedação de acumulação de proventos com vencimentos aos empregados de empresas estatais. Nesse sentido, reproduzo o trecho pertinente do voto-condutor, que transcreveu manifestação do ministro Moreira Alves ao deferir a medida liminar:

"Esse dispositivo é paradoxal no tocante à sua constitucionalidade, porquanto qualquer que seja a posição que *se adote das duas que são radicalmente antagônicas entre si, não se pode deixar de reconhecer que é relevante a fundamentação de uma e de outra no tocante à inconstitucionalidade dele.*

Com efeito, para os que entendem que, por identidade de razão, a vedação de acumulação de proventos e de vencimentos não se aplica apenas aos servidores públicos aposentados, mas também aos empregados de empresas públicas e de sociedades de economia mista, exceto, tanto para aqueles quanto para estes, se a acumulação na atividade for permitida constitucionalmente, o dispositivo em causa será inconstitucional porque admite, sem qualquer restrição — e, portanto, acumulando remuneração de aposentadoria e salário —, que o aposentado dessas entidades seja readmitido, desde que preste concurso público.

Já para os que consideram que essa vedação de acumulação de remuneração de aposentadoria com remuneração de sociedades de economia mista, sob o fundamento de que há diferença entre o benefício previdenciário em favor do servidor público e o devido, por força do artigo 202 da Constituição, ao empregado do setor privado, como o é o empregado de empresa pública ou de sociedade de economia mista (artigo 173, § 1º, da Carta Magna), a inconstitucionalidade do dispositivo legal em causa decorre de outro fundamento: o de que esse § 1º indiretamente pressupõe que a aposentadoria espontânea desses empregados extingue automaticamente o vínculo empregatício, o que violaria os preceitos constitucionais relativos à proteção do trabalho e à garantia à percepção dos benefícios previdenciários, alegação essa que deu margem ao deferimento de liminar na ADIN 1.721, circunstância que, por si só — fui um dos quatro votos vencidos —, é suficiente para que seja ela tida como relevante." (destaques acrescentados)

12. A fim de sustentar o primeiro fundamento, o votocondutor da ADI 1.770 baseou-se em precedentes relativos a servidores públicos, e não a empregados públicos, como no caso. Além disso, fundamentou-se no art. 37, § 10, da Constituição, o qual, porém,

somente exclui a possibilidade de acumulação de vencimentos com proventos de aposentadoria de regime próprio, e não do regime geral de previdência. 13. A jurisprudência deste Tribunal tem acolhido o segundo fundamento, isto é, a ausência de rompimento de vínculo com o pedido de aposentadoria, o que, logicamente, exclui o primeiro (impossibilidade de acumulação de vencimentos com proventos quando se trata do regime geral). É o que se vê de julgados proferidos antes e depois das decisões nas ADIs 1.770 e 1.721, e.g.: RE 449.420, rel. min. Sepúlveda Pertence; AI 737.279, rel. min. Marco Aurélio; AI 749394, rel. min. Ayres Britto e RE 463.629, rel. min. Ellen Gracie, cuja ementa aqui transcrevo:

"RECURSO EXTRAORDINÁRIO. MATÉRIA TRABALHISTA. ART. 453 DA CLT. EXTINÇÃO DO VÍNCULO EMPREGATÍCIO PELA APOSENTADORIA VOLUNTÁRIA. IMPOSSIBILIDADE.

1. A interpretação conferida pelo Tribunal Superior do Trabalho ao art. 453 da CLT, segundo a qual a aposentadoria espontânea do empregado importa na ruptura do contrato de trabalho (Orientação Jurisprudencial nº 177 da SDI-1), viola o postulado constitucional que veda a despedida arbitrária, consagrado no art. 7º, I, da Constituição Federal.

2. Precedentes: ADI 1.721-MC, ADI 1.770-MC e RE 449.420.

3. Recurso extraordinário conhecido e provido."

14. Em outros termos: embora sem assumi-lo expressamente, a decisão reclamada, na prática, aplicou o art. 453, §§ 1º e 2º, da CLT, cuja inconstitucionalidade foi reconhecida pelo STF nas ADIs 1.770 e 1.721, violando, assim, a autoridade das referidas decisões.

15. Dessa forma, com base no art. 161, parágrafo único, do RI/STF, julgo procedente o pedido, para cassar a decisão reclamada e determinar que outra seja proferida, afastada a premissa de que a aposentadoria espontânea extingue o contrato de trabalho.

Publique-se. Intimem-se. Comunique-se.[2]

---

[2] Disponível em: file:///C:/Users/Microsoft/Downloads/texto_306947897.pdf. Acesso em: 8.11.2015.

4. GREVE

4.1. SERVIDOR PÚBLICO.[1] REGULAMENTAÇÃO POR LEI ESTADUAL.

O Estado de Rondônia possui a Lei Estadual n. 3.301/2013, que regulamenta o direito de greve dos servidores da administração direta, autárquica e fundacional do Estado. A sua constitucionalidade está sendo questionada na ADIn 5.213-DF[2], cabendo a relatoria do ministro Teori Zavascki. A matéria, até dezembro de 2015, não havia sido julgada pelo STF. Existe, todavia, parecer do procurador-geral da República, doutor Rodrigo Janot Monteiro de Barros, de 22.5.2015, cuja ementa é bastante ilustrativa e reproduzimos a seguir:

CONSTITUCIONAL E ADMINISTRATIVO. AÇÃO DIRETA DE INCONSTITUCIONALIDADE. LEI 3.301/2013 E LEI 3.451/2014, DO ESTADO DE RONDÔNIA. DIREITO DE GREVE DE SERVIDORES PÚBLICOS. AUSÊNCIA DE LEI FEDERAL COM REGRAS GERAIS SOBRE O TEMA. COMPETÊNCIA SUPLEMENTAR DOS ESTADOS. REGIME JURÍDICO DE SERVIDORES PÚBLICOS. MATÉRIA DE INICIATIVA PRIVATIVA DO CHEFE DO PODER EXECUTIVO.

1. Estando a União omissa há quase 27 anos na disposição de regras gerais sobre direito de greve de servidores públicos, podem os Estados-membros legislar de forma suplementar sobre o tema e estabelecer regras específicas aplicáveis a seus servidores, consoante o art. 24, §§ 2º e 3º, da Constituição da República.

2. Iniciativa de lei versando regime jurídico de servidores públicos compete privativamente ao chefe do Poder Executivo (art. 61,

---

[1] Sobre greve de servidor público, v., nesta coletânea, v. 2, p. 90, v. 6, p. 59, v. 7, p. 41, v. 9, p. 110, v. 10, p. 69, v. 12, pp. 35, 39 e 54, v. 14, pp. 51, 56 e 60, v. 16, p. 65, e v. 18, p. 84
[2] ADIn 5.213-DF (governador do Estado de Rondônia. Intdo.: presidente da Assembleia Legislativa do Estado de Rondônia). Rel.: min. Teori Zavascki.

§ 1º, II, a e c, da CR), norma que é de observância obrigatória pelos entes da Federação.

3. Parecer pela procedência do pedido.[3]

4.2. POLICIAIS MILITARES.[4]

A RCL 17.915-DF[5], de 2.2.2015, foi julgada improcedente pela ministra Cármen Lúcia, negando o pedido do Ministério Público do Distrito Federal e Territórios, relativamente à greve de policiais militares do Distrito Federal. No entendimento da relatora, não houve contrariedade ao que decidiu o STF nos MIs 670-7-DF[6] e 708-0-DF[7], que cuidaram da competência de tribunais para julgar greve de servidor público. Trata-se, aqui, de vedação do direito de greve de militares, conforme determinado pela Constituição (art. 142, § 3º, n. IV).

A ementa do decisório é a seguinte:

> *Reclamação. Constitucional. Competência para julgar ação judicial sobre ilegalidade de greve deflagrada por militares do Distrito Federal. Alegação de desrespeito às decisões proferidas pelo Supremo Tribunal Federal nos Mandados de Injunção ns. 670 e 708: ausência de identidade material. Reclamação julgada improcedente.[8]*

---

[3] Disponível em: file:///C:/Users/Microsoft/Downloads/texto_306904712.pdf. Acesso em 9.11.2015

[4] Sobre greve de policial civil, v., nesta coletânea, v. 12, p. 54, v.13, p. 63, v. 17, p. 85, e v. 18, p. 83,

[5] Rcl 17.915-DF, de 2.2.2015 (Ministério Público do Distrito Federal e Territórios vs. Tribunal de Justiça do Distrito Federal e dos Territórios. Intdo.(a/s): Comandante-Geral da Polícia Militar do Distrito Federal, Associação dos Policiais Militares do Distrito Federal — CIFAIS, Associação dos Oficiais da Polícia Militar do Distrito Federal — ASOF/DF, Associação dos Praças Policiais e Bombeiros Militares do Distrito Federal — ACS/ASPRA, ASS/ARMILC — Associação Representativa dos Subtenentes e Sargentos Ativos e Inativos da PM e do CBM do DF e dos Servidores Públicos Militares e Civis do GDF). Rel.: min. Cármen Lúcia

[6] V., nesta coletânea, v. 7, p. 41.

[7] V., nesta coletânea, v. 11, p. 81, e v. 12, p. 42

[8] Disponível em: <file:///C:/Users/Microsoft/Downloads/texto_298501369.pdf>. Acesso em: 10 nov. 2015.

4.3. PROFESSOR[9]. CORTE DE PONTO.

Em 2014, no Rio de Janeiro, o Tribunal de Justiça daquele Estado declarou a abusividade de greve de professores da rede pública, autorizando o corte do ponto dos participantes. O sindicato de trabalhadores ajuizou a RCL 19.551-DF[10], pretendendo a reforma da decisão estadual, a fim de garantir o exercício desse direito constitucional.

O relator será o ministro Gilmar Mendes, mas o pedido de liminar foi indeferido pelo presidente do STF, ministro Ricardo Lewandowski, destacando que a via da reclamação não é a adequada para apreciar decisão dessa natureza. A decisão, de 20.1.2015, é a seguinte:

> *Trata-se de reclamação, com pedido de medida liminar, proposta pelo Sindicato Estadual dos Profissionais de Educação do Estado do Rio de Janeiro — SEPE/RJ, contra ato praticado pelo Município de Petrópolis/RJ, que teria realizado "cortes de ponto e supressão de pagamento dos servidores municipais em realização de ato grevista".*
>
> *Relata que os profissionais da rede municipal de educação realizaram um movimento paredista entre 4/9/2014 e 1º/10/2014, período em que a referida Municipalidade obteve, no Tribunal de Justiça do Estado do Rio de Janeiro, decisão de antecipação de tutela em ação declaratória de ilegalidade de greve.*
>
> *Noticia que a paralisação foi interrompida, como exigência da referida Corte estadual, para que fossem iniciadas novas rodadas de negociações. Afirma que a Administração, todavia, "tem cortado os vencimentos dos servidores que aderiram ao movimento paredista".*
>
> *Alega, em síntese, afronta às decisões plenárias prolatadas nos Mandados de Injunção 670, 708 e 712, em que esta Corte reconheceu a possibilidade de os servidores públicos realizarem greve, por se tratar de um direito fundamental que "não pode ter seu exercício restrito em razão de uma mora legislativa de mais de 20 (vinte) anos".*

---

[9] Sobre greve de professor, v., nesta coletânea, v. 17, p. 86 e 87.
[10] MC na Rcl 19.511-DF (Sindicato Estadual dos Profissionais da Educação do Rio de Janeiro — SEPE/RJ vs. Município de Petrópolis). Rel.: min. Gilmar Mendes.

Sustenta, ainda, o desrespeito ao enunciado da Súmula 316 do STF, "bem como à decisão que conferiu Repercussão Geral ao julgamento do AI 853275, convertido no Recurso Extraordinário 693456".

Alega, nessa linha, que o corte do ponto de servidores que aderem a greve é tema com repercussão geral reconhecida nos autos do RE 693.456/RJ, razão pela qual não poderia "haver autorização por instância inferior de corte de ponto e desconto nos vencimentos dos servidores até que o STF se pronuncie sobre o processo elegido como paradigmático".

Requer, ao final, a suspensão liminar do ato ora reclamado, "mormente o corte de ponto já efetivado, cabendo a restituição dos valores retidos por meio de pagamento através de imediata folha suplementar".

É o relatório necessário.

Decido o pleito de liminar.

Examinados os autos, constato que é o caso de indeferimento da medida acautelatória, por não ter vislumbrado, ao menos num exame perfunctório, próprio deste momento processual, a necessária plausibilidade jurídica do pedido deduzido na inicial.

É que a ação reclamatória ora em exame parece não se enquadrar em nenhuma das duas hipóteses permissivas inscritas no art. 102, I, l, da Constituição Federal, seja para preservar a competência desta Corte, seja para garantir a autoridade de suas decisões.

Com efeito, a entidade sindical reclamante alega a ocorrência de afronta à decisão proferida no julgamento conjunto dos Mandados de Injunção 670/ES, 708/DF e 712/PA, encerrado em 25.10.2007, em que o Plenário desta Corte, ao viabilizar os meios necessários ao exercício do direito de greve constitucionalmente assegurado aos servidores públicos, determinou, com eficácia erga omnes, que a omissão legislativa então impugnada deveria ser suprida, até a regulamentação da matéria, mediante a aplicação integrativa, no que couber, das Leis 7.701/1988 e 7.783/1989 a todos os conflitos e ações judiciais que tratarem do exercício do direito de greve pelos servidores públicos das três esferas da Federação.

No presente caso, todavia, o ato administrativo reclamado ora em exame parece não ter afastado, por ausência de regulamentação legal, a possibilidade do exercício do direito de greve pelos servidores representados pela entidade reclamante.

Veja-se que o Tribunal de Justiça fluminense, no exercício da competência originária para processar e julgar as ações relativas às greves de servidores públicos daquele Estado-membro, procedeu, em juízo cautelar, ao exame da legitimidade do movimento paredista deflagrado à luz dos requisitos e limites estabelecidos na Lei 7.783/1989.

A referida Corte estadual, vislumbrando a contrariedade ao referido Diploma, concedeu, conforme informado na própria exordial, medida antecipatória de tutela em favor da Municipalidade ora reclamada.

Portanto, o que se pede, ao que tudo indica, é a verificação, por meio transverso, de eventuais desacertos ou deficiências na interpretação dada à legislação infraconstitucional relativa ao exercício do direito de greve, pretensão que não pode ser acolhida na via estreita da ação reclamatória, que não pode ser utilizada como mero sucedâneo recursal.

Esta reclamação parece refletir, portanto, o inconformismo do reclamante com a interpretação dada pela autoridade reclamada à Lei de Greve e com o decorrente juízo provisório de ilegalidade do movimento grevista estadual em questão. Todavia, essa discordância deve ser deduzida na instância recursal competente, não cabendo a esta Corte analisar, per saltum, a matéria nessa via estreita da reclamação.

Ademais, no que se refere especificamente aos cortes de ponto dos servidores que participaram da greve, o Plenário desta Corte já teve oportunidade de assentar a inviabilidade da utilização da via processual da reclamação para essa finalidade. Veja-se, por exemplo, a decisão prolatada na Rcl 13.626-AgR-ED/MG, rel. min. Dias Toffoli, assim ementada:

> "Embargos de declaração no agravo regimental na reclamação. Impossibilidade de cabimento de reclamação constitucional para se discutir o corte do ponto dos servi-

dores públicos e o desconto dos dias paralisados em razão do exercício do direito de greve. Inexistência das hipóteses autorizadoras da interposição dos embargos. Embargos declaratórios rejeitados.

1. Inexistência dos vícios do art. 535 do Código de Processo Civil.

2. Embargos de declaração rejeitados." (grifei)

Registro, outrossim, que a jurisprudência desta Casa é firme no sentido de que não cabe reclamação por inobservância de súmula do Supremo Tribunal Federal destituída de efeito vinculante.

Com a inserção, pela Emenda Constitucional 45/2004, do art. 103-A, § 3º, no texto da Constituição Federal, chegou-se a sustentar que o desrespeito a qualquer súmula desta Corte poderia, a partir de então, ser impugnado pela via da reclamação. Essa tese, porém, foi expressamente rejeitada pelo Plenário desta Casa no julgamento da Rcl 3.979-AgR/DF, rel. min. Gilmar Mendes, no qual ficou assentado que o art. 103-A, § 3º, da Carta Magna tem aplicação exclusiva às súmulas vinculantes, que possuem natureza constitucional específica e completamente distinta das súmulas convencionais, que não vinculam ou subordinam os demais órgãos do Poder Judiciário.

Surgiram, nessa mesma direção, outros precedentes mais recentes do Plenário, entre os quais cito os seguintes:

"AGRAVO REGIMENTAL NA RECLAMAÇÃO. MANDA-DO DE SEGURANÇA. EFEITOS DA DECISÃO. ALEGAÇÃO DE AFRONTA À SÚMULA 271 DO SUPREMO TRIBUNAL FEDERAL. AGRAVO REGIMENTAL AO QUAL SE NEGA PROVIMENTO.

Não cabe reclamação fundamentada na afronta a súmula do Supremo Tribunal Federal sem efeito vinculante. Precedentes." (Rcl 6.531-AgR/SC, rel. min. Cármen Lúcia).

"AGRAVO REGIMENTAL CONTRA DECISÃO QUE NEGOU SEGUIMENTO À RECLAMAÇÃO. SÚMULA DO SUPREMO TRIBUNAL FEDERAL DESTITUÍDA DE EFEITO VINCULANTE. INVIABILIDADE DA AÇÃO.

1. Não cabe reclamação constitucional para questionar violação a súmula do Supremo Tribunal Federal destituída de efeito vinculante. Precedentes.

2. As atuais súmulas singelas do STF somente produzirão efeito vinculante após sua confirmação por dois terços dos ministros da Corte e publicação na imprensa oficial (art. 8º da EC nº 45/04).

3. Agravo desprovido." (Rcl 3.284-AgR/SP, rel. min. Ayres Britto).

Também não vislumbro desrespeito ao acórdão que reconheceu a repercussão geral na matéria veiculada nos autos do AI 853.275-RG/RJ, cuja matéria de fundo ainda será oportunamente examinada pelo Plenário desta Corte nos autos do RE 693.456/RJ. Segundo os dados trazidos pelo reclamante na peça inicial, sequer há decisão de mérito na ação declaratória de ilegalidade de greve originariamente ajuizada pelo Município de Petrópolis no TJRJ, não existindo, por óbvio, recurso extraordinário eventualmente interposto que devesse encontrar-se, segundo a sistemática da repercussão geral, em estado de sobrestamento.

Isso posto, sem prejuízo de um exame mais aprofundado da matéria pelo Relator da causa, indefiro o pedido de liminar.

Publique-se.[11]

---

[11] Disponível em: <file:///C:/Users/Microsoft/Downloads/texto_293968571.pdf>. Acesso em: 9 nov. 2015.

5. MAGISTRATURA. IDADE-LIMITE PARA INGRESSO

A Lei n. 11.697/2008, que dispõe sobre a organização judiciária do Distrito Federal e dos Territórios, em seu art. 52, n. IV, determinou que o ingresso na carreira da magistratura, mediante concurso público, é possível para candidatos com mais de 25 anos de idade, limitando a até 50 anos de idade. Por meio da ADIn 5.329-DF[1], está sendo pedida a declaração de inconstitucionalidade desse dispositivo, por violar, formal e materialmente, os arts. 5º, *caput*, e 93, *caput*, da Constituição de 1988. O relator é o ministro Marco Aurélio, e a matéria, até dezembro de 2015, não havia sido julgada pelo STF. O noticiário a respeito registra:

> *A restrição de idade máxima em 50 anos para ingresso na carreira da magistratura do Distrito Federal e Territórios, prevista na Lei 11.697/2008, é alvo de questionamento por parte da Procuradoria Geral da República (PGR) na Ação Direta de Inconstitucionalidade (ADI) 5329, sob relatoria do ministro Marco Aurélio.*
>
> *A lei dispõe sobre a organização judiciária do Distrito Federal e dos Territórios. No artigo 52 (inciso V) a norma diz que o ingresso na carreira da magistratura se dará por meio de concurso, sendo que os candidatos devem ter mais de 25 e menos de 50 anos de idade.*
>
> *Para a PGR, ao limitar a idade para ingresso em 50 anos, a norma violaria os artigos 5º (caput) e 93 (caput) da Constituição, contendo vício formal e material de inconstitucionalidade. O vício de inconstitucionalidade, de acordo com a ADI, reside na impossibilidade de tema próprio do estatuto da magistratura ser tratado em lei ordinária federal, em vez de o ser por meio de lei complementar, de iniciativa do Supremo Tribunal Federal.*

---

[1] ADIn 5.329-DF (procurador-geral da República. Intdos.: presidente da República e Congresso Nacional). Relator : Min. Marco Aurélio.

O artigo 93 (caput) da Constituição, explica a PGR, reserva à lei complementar a regulamentação de temas afetos ao estatuto da magistratura. A jurisprudência do STF tem entendido que, até que seja editada essa lei, a matéria que verse sobre o estatuto continuará sendo disciplinada pela Lei Complementar 35/1979 (Lei Orgânica da Magistratura). E no tocante à idade, diz a Procuradoria, a LC 35/1979 preceitua que há idade mínima apenas para o cargo de ministro do STF, não contemplando idade-limite para ingresso na carreira judiciária.

De acordo com o procurador-geral da República, a disposição em lei ordinária de matéria própria do Estatuto da Magistratura, que deve ser disciplinada pela LOMAN (e pela própria Constituição), como as limitações etárias mínima e máxima para ingresso na magistratura judicial, viola a reserva da matéria a lei complementar citada no dispositivo constitucional.

Isonomia

Além disso, para a Procuradoria, o dispositivo questionado, ao restringir o acesso aos cargos de juiz de direito substituto do Distrito Federal a candidatos com idade inferior a 50 anos, "transgride o postulado da igualdade, porque cria restrição desprovida de justificativa". Esse postulado — o princípio da isonomia — está inscrito no artigo 5º (caput) da Carta da República.

A PGR pede a concessão de liminar para suspender os efeitos do artigo 52 (inciso V) da Lei 11.697/2008, e no mérito que o dispositivo seja declarado inconstitucional.[2]

---

[2] Disponível em: <http://www.stf.jus.br/portal/cms/verNoticiaDetalhe.asp?idConteudo =292929>. Acesso em: 8 jun. 2015.

6. MÉDICO. SERVIDOR PÚBLICO. JORNADA DE TRABALHO[1]

A jornada de trabalho de médico em tribunais do trabalho é objeto de questionamento no STF, por meio do MS 32.753-DF[2], onde é pedida a cassação de acórdão do T.C.U. que mandou que fosse adotada jornada diária de sete horas, embora a legislação específica fixe em quatro horas/dia. O relator, ministro Dias Toffoli, decidiu, liminarmente, no sentido de que a jornada a ser cumprida é a de 20 horas/semana ou quatro horas/dia, como praticava o TRT da 10ª Região, para médicos não ocupantes de função de confiança ou cargo em comissão. O decisório, de 31.10.2014, publicado em 16.12.2014, e o processo se encontram conclusos para que seja apreciado o agravo regimental, que é o seguinte:

> Vistos.
>
> Cuida-se de mandado de segurança, com pedido de liminar, impetrado pelo TRIBUNAL REGIONAL DO TRABALHO DA 10ª REGIÃO em face do TRIBUNAL DE CONTAS DA UNIÃO, com o objetivo de anular o Acórdão nº 2.880/2013, no qual se determinou aos "Analistas Judiciários, Especialidade Medicina" o cumprimento de jornada da trabalho de 7 (sete) horas diárias.
>
> Utilizo-me do relatório exarado na decisão de 26/2/14, em que deferi o pedido de liminar:
>
>> "O impetrante narra que o ato impugnado decorre de auditoria realizada pela Corte de Contas da União sobre a administração do TRT da 10ª Região, do qual foi notificado em 6/11/13, sendo tempestiva a impetração.

---

[1] Sobre jornada de trabalho de médico, v., nesta coletânea, v. 8, p. 104.
[2] MS 32.753-DF, de 31.10.2014 (Tribunal Regional do Trabalho da 10ª Região vs. Tribunal de Contas da União). Rel.: min. Dias Toffoli.

Defende-se a competência originária do STF para conhecer o mandamus impetrado contra ato do T.C.U. (art. 102, I, d, da CF/88), bem como a "competência da Advocacia-Geral da União para representar judicialmente o Tribunal Regional do Trabalho da 10ª Região", estando esse último entendimento em consonância com o julgado na Rcl nº 8.025/SP.

Em capítulo da peça vestibular denominado "Do direito líquido e certo. Jurisprudência desse Supremo Tribunal Federal", o impetrante aduz que:

a) "desde 1961, com o advento da Lei nº 3.999 (artigo 8ª, a), os médicos brasileiros são contemplados com jornada especial de 4 (quatro) horas diárias";

b) o Decreto-Lei nº 1.445/76, a Lei nº 9.436/97 e a Lei nº 12.702/12 "estabelece[m] a jornada de trabalho de 20 horas semanais", tendo o entendimento sido sufragado pelo Plenário do STF no julgamento do MS nº 25.027/DF e reproduzido em diversas decisões monocráticas sobre o tema;

c) "o Tribunal Regional do Trabalho da 10ª Região vinha aplicando a jornada reduzida de 20 (vinte) horas semanais para os Analistas Judiciários, Especialidade Medicina — à exceção daqueles ocupantes de função comissionada — em atendimento à Resolução nº 127, de 26 de abril de 2013, do Conselho Superior da Justiça do Trabalho", editado de acordo com o entendimento firmado no CNJ no Pedido de Providências nº 200810000022694;

d) "o direito à jornada de 20 (vinte) horas semanais para os médicos do Poder Judiciário alinha-se à vontade do legislador constituinte, tendo em vista que a Constituição Federal, em seu artigo 37, inciso XVI, alínea 'c', permite a acumulação remunerada de dois cargos ou empregos privativos de profissionais da saúde, com profissões regulamentadas".

Requer que seja deferido o pedido de liminar para suspender os efeitos do Acórdão nº 2.880/2013, presente o periculum in mora *ante a iminência do esgotamento do prazo de 90 (noventa) dias para o e. TRT da 10ª Região adequar-se às determinações.*

No mérito, postula que seja concedida a ordem para cassar, em definitivo, o ato impugnado."

A autoridade coatora prestou informações.

A Procuradoria-Geral da República manifestou-se pela concessão da segurança, em parecer assim ementado:

"Mandado de segurança. Tribunal de Contas da União. Analista Judiciário — especialidade medicina. Jornada de Trabalho. Legitimidade da jornada de 4 horas."

É o relatório. Decido.

No caso dos autos, a Corte de Contas da União realizou auditoria no Tribunal Regional do Trabalho da 10ª Região, tendo concluído pela existência de irregularidades, dentre elas a jornada de trabalho reduzida para "analistas judiciários da área de medicina". Diante disto, procedeu à determinação ao TRT da 10ª Região, a ser cumprida no prazo de 90 (noventa) dias, no sentido de

"exi[gir] que os Analistas Judiciários — Área Apoio Especializado — Especialidade Medicina do órgão passem a cumprir a jornada de trabalho de sete horas diárias, legalmente exigida a todos os demais servidores do Poder Judiciário, nos termos do Regulamento Geral da Secretaria do TRT, alterado pela Resolução Administrativa nº 7, de 2010, e da jurisprudência desta Corte de Contas (Seção VI do Voto)

A jurisprudência desta Suprema Corte firmou-se no sentido de "reconhec[er] a capacidade ou 'personalidade judiciária' de órgãos coletivos não personalizados e a propriedade do mandado de segurança para a defesa do exercício de suas competências e do gozo de suas prerrogativas" (MS nº 21.239/DF, DJ de 234/93).

Assim, reafirmo a legitimidade ativa ad causam *do TRT da 10ª Região, em razão de sua indubitável participação no procedimento administrativo, tendo afetada a gestão de seu pessoal por determinação da Corte de Contas ora impugnada.*

Novamente, registro que não está em discussão no presente mandamus *a necessidade de os servidores ocupantes de cargo em comissão e função comissionada, ainda que ocupante de cargo de analista judiciário — especialidade medicina, respeitar a jornada diária de trabalho integral, tendo o impetrante afirmado que*

"*vinha aplicando a jornada reduzida de 20 (vinte) horas semanais para os Analistas Judiciários, Especialidade Medicina — à exceção daqueles ocupantes de função comissionada — em atendimento à Resolução nº 127, de 26 de abril de 2013, do Conselho Superior da Justiça do Trabalho*". *(grifei)*

A definição de qual jornada de trabalho que os analistas judiciários devem cumprir foi objeto de consulta do impetrante ao CSJT, tendo esse remetido o questionamento ao CNJ. Vide:

"*CONSULTA. JORNADA DE TRABALHO. MÉDICOS DO PODER JUDICIÁRIO.*

— Os servidores médicos do Poder Judiciário da União devem cumprir jornada de trabalho de 4 horas diárias, em virtude do disposto na Lei nº 8112/90 e na Lei nº 9436/97.

— Os Tribunais de Justiça deverão disciplinar a jornada de trabalho dos servidores médicos dos seus quadros de pessoal, limitados às legislações existentes sobre a matéria em cada Estado, quando houver. (Pedido de providências n. 0002269- 61.2008.2.00.0000. Relator conselheiro Paulo Lôbo, DJ 7.11.2008)."

A decisão do CNJ encontra-se em consonância com o entendimento firmado por esta Suprema Corte no julgamento do MS nº 25.027, cujo acórdão restou assim redigido:

CONSTITUCIONAL. ADMINISTRATIVO. MÉDICOS: JORNADA DIÁRIA DE TRABALHO. D.L. 1.445/76, art. 14. Lei 9.436, de 5.2.97, art. 1º. Lei 8.112, de 11.12.90, art. 19, § 2º.

I — A jornada diária de trabalho do médico servidor público é de 4 (quatro) horas. Decreto-Lei 1.445/76, art. 14. Lei 9.436/97, art. 1º.

II. — Normas gerais que hajam disposto a respeito da remuneração dos servidores públicos, sem especificar a respeito da jornada de trabalho dos médicos, não revogam a norma especial, por isso que a norma especial afasta a norma geral, ou a norma geral não revoga nem modifica a norma especial.

III. — Mandado de segurança deferido. (MS n. 25027/DF, relator o ministro Carlos Velloso, DJ de 01/07/2005)"

Posteriormente, o Conselho Superior da Justiça do Trabalho editou a Resolução nº 127/2013, que dispõe:

"Art. 1º Os Analistas Judiciários, Especialidade Medicina, submetem — se à jornada reduzida de 4 horas diárias ou 20 horas semanais, fixada para a categoria profissional dos médicos pela Lei n.º 3.999/1961, a teor dos arts. 14 do Decreto — Lei n.º 1.445/76 e 19, § 2º, da Lei n.º 8.112/1990, sendo vedada a adoção da "dupla jornada", por ausência de amparo legal.

Art. 2º O regime da jornada reduzida de 4 horas diárias ou 20 horas semanais não implica redução da remuneração do cargo efetivo, consoante os termos do art. 40 da Lei nº 8.112/1990.

Art. 3º A designação de Analista Judiciário, Especialidade Medicina, para o exercício de função comissionada, implica cumprimento da jornada integral estabelecida para os demais servidores integrantes da carreira de Analista Judiciário, e a sua investidura em cargo em comissão, na observância da jornada de 8 horas diárias e 40 horas semanais. (Resolução CSJT n. 127/2013, DEJT n. 1234, 28/05/2013, Caderno Judiciário do Conselho Superior da Justiça do Trabalho)."

Ressalte-se que as decisões do CSJT têm caráter vinculante para a Justiça do Trabalho de primeiro e segundo graus, conforme o art. 111-A, § 2º, II da Constituição Federal de 1988. In verbis:

"§ 2º Funcionarão junto ao Tribunal Superior do Trabalho:

(...)

II — o Conselho Superior da Justiça do Trabalho, cabendo-lhe exercer, na forma da lei, a supervisão administrativa, orçamentária, financeira e patrimonial da Justiça do Trabalho de primeiro e segundo graus, como órgão central do sistema, cujas decisões terão efeito vinculante."

Com efeito, tem-se que o presente writ está fundamentado no Decreto-Lei nº 1.445/76, na Lei nº 9.436/97, na Lei nº 12.702/12 e no art. 37, inciso XVI, alínea 'c', da CF/88, corroborado pelo entendimento firmado na jurisprudência do STF, bem como em decisões administrativas do CNJ e na Resolução nº 127/2013 do Conselho Superior da Justiça do Trabalho.

Transcrevo a seguir os dispositivos citados pelo impetrante:

"Art. 14 — Os ocupantes de cargos e empregos integrantes da Categoria Funcional de Médico ficam sujeitos à jornada de 4 (quatro) horas de trabalho, podendo, a critério e no interesse da Administração, exercer, cumulativamente, dois cargos ou empregos dessa categoria, inclusive no mesmo órgão ou entidade." (Decreto-Lei nº 1.445/76)

"Art. 1º A jornada de trabalho de quatro horas diárias dos servidores ocupantes de cargos efetivos integrantes das Categorias Funcionais de Médico, Médico de Saúde Pública, Médico do Trabalho e Médico Veterinário, de qualquer órgão da Administração Pública Federal direta, das autarquias e das fundações públicas federais, corresponde aos vencimentos básicos fixados na tabela constante do anexo a esta Lei." (Lei nº 9.436/97)

"Art. 41. A jornada de trabalho dos ocupantes do cargo de Médico, Médico de Saúde Pública, Médico do Trabalho, Médico Veterinário, Médico Profissional Técnico Superior, Médico Área, Médico Marítimo e Médico Cirurgião, regidos pela Lei no 8.112, de 11 de dezembro de 1990, integrantes dos Planos de Carreiras e de Cargos de que trata o art. 40, é de 20 (vinte) horas semanais." (Lei nº 12.702/12)

"Art. 37. A administração pública direta e indireta de qualquer dos Poderes da União, dos Estados, do Distrito Federal e dos Municípios obedecerá aos princípios de legalidade, impessoalidade, moralidade, publicidade e eficiência e, também, ao seguinte:

(...)

XVI — é vedada a acumulação remunerada de cargos públicos, exceto, quando houver compatibilidade de horários, observado em qualquer caso o disposto no inciso XI: (...) c) a de dois cargos ou empregos privativos de profissionais de saúde, com profissões regulamentadas;" (Constituição Federal de 1988)

A jornada diária de trabalho de servidor do Poder Judiciário ocupante de cargo de médico está regulamentada pelo Decreto--Lei nº 1.445/76 e pela Lei nº 9.436/97, não tendo o § 2º do art. 19 da Lei nº 8.112/90 o condão de revogar norma específica sobre a jornada de trabalho de servidores ocupantes da carreira de médico.

Outrossim, reafirmo que normas gerais que hajam disposto a respeito da remuneração dos servidores públicos, sem especificar a respeito da jornada de trabalho dos médicos, não revogam a norma especial (lex specialis derrogat generaiem), de forma que o entendimento firmado no MS nº 25.027/DF permanece adequado à solução da demanda.

Ante o exposto, confirmo a liminar anteriormente deferida e concedo a segurança para cassar o Acórdão nº 2880/2013, proferido pelo Plenário do Tribunal de Contas da União, mantendo-se vigentes os parâmetros adotados no âmbito do TRT da 10ª Região quanto à jornada de trabalho diária reduzida para ocupantes de cargos de analista judiciário — especialidade medicina — que não ocupem função de confiança ou cargo em comissão. Prejudicado o exame do recurso de agravo interposto pela União.

Publique-se. Int.[3]

O mesmo tema é objeto do MS 33.853-DF[4], envolvendo também dentistas, igualmente da relatoria do ministro Dias Toffoli, e a matéria, até dezembro de 2015, não havia sido julgada pelo Excelso Pretório.

---

[3] Disponível em: <http://www.stf.jus.br/portal/processo/verProcessoAndamento.asp?incidente=4523168>. Acesso em: 9 nov. 2015.

[4] MS 33.853-DF (Tribunal Regional do Trabalho da 20ª Região *vs.* Tribunal de Conta da União). Rel.: min. Dias Toffoli.

7. SERVIDOR PÚBLICO

7.1. NOMEAÇÃO POR DECISÃO JUDICIAL. INDENIZAÇÃO

Não é devida indenização a servidor público empossado em decorrência de decisão judicial, com fundamento em demora na sua nomeação, salvo caracterizada arbitrariedade flagrante, conforme ficou decidido no RE 724.347-DF[1], em 26.2.2015, sendo prolator do julgado o ministro Luís Roberto Barroso. O tema ganhou repercussão geral, e o *decisum* tem a seguinte ementa:

> ADMINISTRATIVO. RESPONSABILIDADE CIVIL DO ESTADO. INVESTIDURA EM CARGO PÚBLICO POR FORÇA DE DECISÃO JUDICIAL.
>
> 1. Tese afirmada em repercussão geral: na hipótese de posse em cargo público determinada por decisão judicial, o servidor não faz jus a indenização, sob fundamento de que deveria ter sido investido em momento anterior, salvo situação de arbitrariedade flagrante.
>
> 2. Recurso extraordinário provido.[2]

7.2. TETO CONSTITUCIONAL. VALOR BRUTO DA REMUNERAÇÃO

O Pleno do STF, julgando o RE 675.978-SP[3], em 15.4.2015, relatado pela ministra Cármen Lúcia, entendeu que o teto constitucional

---

[1] RE 724.347-DF, de 26.2.2015 (União *vs.* Antonio Carlos Alberto Machado Conte e outro (a/s). Redator do Acórdão: min. Luís Roberto Barroso

[2] Disponível em: <file:///C:/Users/Microsoft/Downloads/texto_306782081%20(1).pdf>. Acesso em: 10 nov. 2015.

[3] RE 675.978-SP, de 15.4.2015 (Écio Cristino Silva e outro (a/s) vs. Estado de São Paulo. Am. Curiae: Associação dos Procuradores do Estado do Rio Grande do Sul — APERGS; Sindicato dos Funcionários Efetivos e Estáveis da Assembleia Legislativa do Estado do

do servidor público é o valor bruto de sua remuneração, sem descontos previdenciários e de Imposto sobre a Renda. A ementa do julgado é a seguinte:

> *Recurso Extraordinário. Constitucional. Art. 37, inc. XI, da Constituição da República, alterado pela Emenda Constitucional n. 41/2003.*
>
> *A Base de Cálculo para a incidência do teto remuneratório previsto no art. 37, inc. XI, da Constituição é a renda bruta do servidor público porque:*
>
> *a) por definição a remuneração/proventos correspondem ao valor integral/bruto recebido pelo servidor;*
>
> *b) o valor do teto considerado como limite remuneratório é o valor bruto/integral recebido pelo agente político referência na Unidade Federativa (princípio da razoabilidade).*
>
> *A adoção de base de cálculo correspondente à remuneração/proventos do servidor público antes do desconto do imposto de renda e das contribuições previdenciárias contraria o fundamento do sistema remuneratório instituído no sistema constitucional vigente. Recurso ao qual se nega provimento.*[4]

7.3. USO DE TATUAGEM

É defeso a um candidato a cargo público usar tatuagem? A matéria é controvertida, mesmo porque, como é sabido, a lei de qualquer concurso público costuma ser seu edital. O tema é objeto do RE 898.450-SP[5], que teve reconhecida repercussão geral e é relatado pelo ministro Luiz Fux. O noticiário a respeito é o seguinte:

Rio Grande do Sul — SINFEEAL ; Sindicato dos Servidores do Poder Legislativo Federal e do Tribunal de Contas da União — SINDILEGIS; Estado do Rio Grande do Sul; Associação dos Juizes do Rio Grande do Sul — AJURIS ; Sindicato dos Servidores Públicos da Administração Tributária do Estado do Rio Grande do Sul — SINDIFISCO/RS; Associação de Fiscais de Tributos Estaduais do Rio Grande do Sul — AFISVEC; Associação do Ministério Público do Rio Grande do Sul — AMPRS; União). Rel.: min. Cármen Lúcia.

[4] Disponível em: <file:///C:/Users/Microsoft/Downloads/texto_307110880.pdf>. Acesso em: 8 nov. 2015.

[5] RE 898.450-SP (Henrique Lopes Carvalho da Silveira *vs.* Estado de São Paulo) Relator: Min. Luiz Fux.

O Supremo Tribunal Federal (STF) irá decidir se é constitucional a proibição de certos tipos de tatuagens a candidatos a cargo público contida em leis e editais de concurso público. A questão será analisada no Recurso Extraordinário (RE) 898450, interposto por um candidato ao cargo de soldado da Polícia Militar de São Paulo contra acórdão do Tribunal de Justiça local (TJ-SP) que reformou decisão de primeira instância e manteve sua desclassificação do concurso. O RE, de relatoria do ministro Luiz Fux, teve repercussão geral reconhecida pelo Plenário Virtual e irá definir se o fato de uma pessoa possuir determinado tipo de tatuagem seria circunstância idônea e proporcional a impedi-lo de ingressar em cargo, emprego ou função pública.

No caso dos autos, o candidato obteve, em primeira instância, decisão favorável em mandado de segurança impetrado contra sua exclusão do concurso público para o preenchimento de vagas de soldado de 2ª classe depois que, em exame médico, foi constatado que possui uma tatuagem em sua perna direita que estaria em desacordo com as normas do edital. O Estado recorreu alegando que o edital estabeleceu, de forma objetiva, parâmetros para admissão de tatuagens, mas que o candidato não se enquadrava nessas normas.

Em acórdão, o TJ-SP destacou que o edital é a lei do concurso e a restrição em relação à tatuagem encontra-se expressamente prevista. Assim, ao se inscreverem no processo seletivo, os candidatos teriam aceitado as regras. O acórdão salienta que quem faz tatuagem tem ciência de que estará sujeito a esse tipo de limitação. Acrescenta que a disciplina militar engloba também o respeito às regras e o descumprimento da proibição a tatuagens não seria um bom início na carreira.

Manifestação

Em manifestação quanto à repercussão geral, o ministro Luiz Fux observou que o STF já possui jurisprudência no sentido de que todo requisito que restrinja o acesso a cargos públicos deve estar contido em lei, e não apenas em editais de concurso público. Contudo, explica o ministro, o tema em análise é distinto, pois embora haja previsão legal no âmbito estadual dispondo sobre os requisitos para ingresso na Polícia Militar, a proibição é específica para determinados tipos de tatuagem. No entendimento do relator, essa circunstância atrai a competência do Supremo para decidir sobre a constitucionalidade da referida vedação, ainda que eventualmente fundada em lei.

"No momento em que a restrição a determinados tipos de tatuagem obsta o direito de um candidato de concorrer a um cargo, emprego ou função pública, ressoa imprescindível a intervenção do Supremo Tribunal Federal para apurar se o discrímen encontra amparo constitucional. Essa matéria é de inequívoca estatura constitucional", salienta o ministro Fux.

O relator enfatiza que o artigo 37 da Constituição Federal (incisos I e II) estabelece que o provimento de cargos públicos efetivos depende de aprovação em concurso público de provas ou de provas e títulos e se dará nos termos de lei. Entretanto, pontuou, uma alegação genérica de que o edital é a lei do concurso não pode, em hipótese alguma, implicar ofensa ao texto constitucional, especialmente quando esta exigência não se revelar proporcional quando comparada com as atribuições a serem desempenhadas no cargo a ser provido. Segundo ele, é preciso definir se o fato de um cidadão ostentar tatuagens seria circunstância idônea e proporcional a impedi-lo de concorrer a um cargo público.

"A meu juízo, o recurso veicula matéria constitucional e merece ter reconhecida a repercussão geral, haja vista que o tema constitucional versado nestes autos é relevante do ponto de vista econômico, político, social e jurídico, e ultrapassa os interesses subjetivos da causa, mormente diante da constatação da existência de leis e editais disciplinando a restrição de candidatura a cargos, empregos e funções quando se está diante de tatuagem fora dos padrões aceitáveis pelo Estado."

Por maioria, o Plenário Virtual da Corte reconheceu a existência de repercussão geral da questão constitucional levantada. Ficaram vencidos os ministros Teori Zavascki, Luís Roberto Barroso e Dias Toffoli.[6]

---

[6] Disponível em: <http://www.stf.jus.br/portal/cms/verNoticiaDetalhe.asp?idConteudo=302564>. Acesso em: 27 out. 2015.

7.4. VENCIMENTOS. PUBLICIDADE

A Lei n. 12.527, de 18.11.2011, cuida do acesso a informações que está previsto no inciso XXXIII do art. 5º, no inciso II do § 3º do art. 37 e no § 2º do art. 216 da Constituição da República. No ARE 652.777-SP[7], julgado em 23.4.2015, sendo relator o ministro Teori Zavascki, o Pleno do STF entendeu que é legítima a publicação, inclusive em sítio eletrônico mantido pela Administração Pública, do nome de servidores e dos valores dos correspondentes vencimentos e das vantagens pecuniárias. A ementa do aresto dispõe:

> CONSTITUCIONAL. PUBLICAÇÃO EM SÍTIO ELETRÔNICO MANTIDO PELO MUNICÍPIO DE SÃO PAULO, DO NOME DE SEUS SERVIDORES E DO VALOR DOS CORRESPONDENTES VENCIMENTOS. LEGITIMIDADE.
>
> 1. É legítima a publicação, inclusive em sítio eletrônico mantido pela Administração Pública, dos nomes dos seus servidores e do valor dos correspondentes vencimentos e vantagens pecuniárias.
>
> 2. Recurso extraordinário conhecido e provido.

O voto do ministro Zavaschi, relator do feito, tem o seguinte teor:

> 1. A controvérsia constitucional objeto do recurso não é nova para o Tribunal. No julgamento de Agravo Regimental na Suspensão de Segurança 3.902 (min. Ayres Britto, DJe de 3/10/2011), que tratava de idêntica matéria, envolvendo justamente a publicação dos nomes e respectivos vencimentos dos servidores municipais no portal "De Olho nas Contas" do Município de São Paulo, com base na Lei Municipal 14.720/2008, o Plenário do STF, por unanimidade de votos, tomou deliberação enunciada na seguinte ementa:

---

[7] ARE 652.777-SP, de 23.4.2015. (Município de São Paulo vs. Ana Maria Andreu Lacambra. Am. Curiae: Confederação Nacional dos Servidores Públicos — CNSP; União; Associação Nacional dos Agentes de Segurança do Poder Judiciário da União — AGEPOLJUS e outro(a/s); Sindicato Nacional dos Servidores do Ministério Público da União e do Conselho Nacional do Ministério Público — SINASEMPU; Sindicato dos Professores e Funcionários Municipais de São Paulo — APROFEM; Sindicato Nacional dos Analistas Tributários da Receita Federal do Brasil — SINDIRECEITA; Federação Nacional dos Trabalhadores no Poder Judiciário Federal e Ministério Público da União — FENAJUFE). Rel.: min. Teori Zavascki.

Ementa: SUSPENSÃO DE SEGURANÇA. ACÓRDÃOS QUE IMPEDIAM A DIVULGAÇÃO, EM SÍTIO ELETRÔNICO OFICIAL, DE INFORMAÇÕES FUNCIONAIS DE SERVIDORES PÚBLICOS, INCLUSIVE A RESPECTIVA REMUNERAÇÃO. DEFERIMENTO DA MEDIDA DE SUSPENSÃO PELO PRESIDENTE DO STF. AGRAVO REGIMENTAL. CONFLITO APARENTE DE NORMAS CONSTITUCIONAIS. DIREITO À INFORMAÇÃO DE ATOS ESTATAIS, NELES EMBUTIDA A FOLHA DE PAGAMENTO DE ÓRGÃOS E ENTIDADES PÚBLICAS. PRINCÍPIO DA PUBLICIDADE ADMINISTRATIVA. NÃO RECONHECIMENTO DE VIOLAÇÃO À PRIVACIDADE, INTIMIDADE E SEGURANÇA DE SERVIDOR PÚBLICO. AGRAVOS DESPROVIDOS.

1. Caso em que a situação específica dos servidores públicos é regida pela 1ª parte do inciso XXXIII do art. 5º da Constituição. Sua remuneração bruta, cargos e funções por eles titularizados, órgãos de sua formal lotação, tudo é constitutivo de informação de interesse coletivo ou geral. Expondo-se, portanto, a divulgação oficial. Sem que a intimidade deles, vida privada e segurança pessoal e familiar se encaixem nas exceções de que trata a parte derradeira do mesmo dispositivo constitucional (inciso XXXIII do art. 5º), pois o fato é que não estão em jogo nem a segurança do Estado nem do conjunto da sociedade.

2. Não cabe, no caso, falar de intimidade ou de vida privada, pois os dados objeto da divulgação em causa dizem respeito a agentes públicos enquanto agentes públicos mesmos; ou, na linguagem da própria Constituição, agentes estatais agindo "nessa qualidade" (§ 6º do art. 37). E quanto à segurança física ou corporal dos servidores, seja pessoal, seja familiarmente, claro que ela resultará um tanto ou quanto fragilizada com a divulgação nominalizada dos dados em debate, mas é um tipo de risco pessoal e familiar que se atenua com a proibição de se revelar o endereço residencial, o CPF e a CI de cada servidor. No mais, é o preço que se paga pela opção por uma carreira pública no seio de um Estado republicano.

3. A prevalência do princípio da publicidade administrativa outra coisa não é senão um dos mais altaneiros modos de concretizar a República enquanto forma de governo. Se, por um lado, há um necessário modo republicano de administrar o Estado brasileiro, de outra parte é a cidadania mesma que tem o direito de ver o seu Estado republicanamente administrado. O "como" se administra a coisa pública a preponderar sobre o "quem" administra — falaria Norberto Bobbio —, e o fato é que esse modo público de gerir a máquina estatal é elemento conceitual da nossa República. O olho e a pálpebra da nossa fisionomia constitucional republicana.

4. A negativa de prevalência do princípio da publicidade administrativa implicaria, no caso, inadmissível situação de grave lesão à ordem pública.

5. Agravos Regimentais desprovidos.

No seu voto, o ministro Ayres Britto, relator, enfrentou e rebateu, um a um, os mesmos argumentos aqui adotados pelo acórdão recorrido. Eis o voto:

12. Inicio pelo juízo de que estamos a lidar com situação demandante de conciliação de princípios constitucionais em aparente estado de colisão. Aparente conflito, e não mais que isso. De um lado, faz-se presente, aí sim, o princípio da publicidade administrativa (caput do art. 37). Princípio que significa o dever estatal de divulgação dos atos públicos. Dever eminentemente republicano, porque a gestão da "coisa pública" (República é isso) é de vir a lume com o máximo de transparência. Tirante, claro, as exceções também constitucionalmente abertas, que são "aquelas cujo sigilo seja imprescindível à segurança da sociedade e do Estado" (inciso XXXIII do art. 5º). Logo, respeitadas que sejam as exceções constitucionalmente estampadas, o certo é que "todos têm direito a receber dos órgãos públicos informações de seu interesse particular ou de interesse coletivo ou geral, que serão prestadas no prazo da lei, sob pena de responsabilidade (...)", conforme a 1ª parte redacional do mesmo art. 5º. Com o que os indivíduos melhor se defendem das arremetidas eventualmente ilícitas do Estado, enquanto os cidadãos podem fazer o concreto uso do direito que a nossa Constituição lhes assegura pelo § 2º do seu art. 72, verbis:

> *"Qualquer cidadão, partido político, associação ou sindicato é parte legítima para, na forma da lei, denunciar irregularidades ou ilegalidades perante o Tribunal de Contas da União."*

13. De outra banda, fala-se, basicamente, do direito que assistiria aos servidores municipais de não ver divulgada a sua remuneração bruta. Isso por implicar violação à sua intimidade e vida privada, de parelha com o perigo que representaria para a sua segurança pessoal e familiar o conhecimento geral de tal remuneração por modo nominalmente identificado. Conhecimento geral tanto mais temerário quanto disponibilizado em rede mundial de computadores (internet), porquanto viabilizador de formatação de um tipo de banco de dados que terminaria por habilitar terceiros a planejar golpes financeiros contra os servidores municipais e assediá-los pessoalmente para fins inconfessáveis.

14. O meu voto já se percebe. A situação dos agravantes cai sob a regência da 1ª parte do inciso XXXIII do art. 5º da Constituição. Sua remuneração bruta, cargos e funções por eles titularizados, órgãos de sua formal lotação, tudo é constitutivo de informação de interesse coletivo ou geral. Expondo-se, portanto, a divulgação oficial. Sem que a intimidade deles, vida privada e segurança pessoal e familiar se encaixem nas exceções de que trata a parte derradeira do mesmo dispositivo constitucional (inciso XXXIII do art. 5º), pois o fato é que não estão em jogo nem a segurança do Estado nem do conjunto da sociedade.

15. No tema, sinta-se que não cabe sequer falar de intimidade ou de vida privada, pois os dados objeto da divulgação em causa dizem respeito a agentes públicos enquanto agentes públicos mesmos; ou, na linguagem da própria Constituição, agentes estatais agindo "nessa qualidade" (§ 6º do art. 37). E quanto à segurança física ou corporal dos servidores, seja pessoal, seja familiarmente, claro que ela resultará um tanto ou quanto fragilizada com a divulgação nominalizada dos dados em debate, mas é um tipo de risco pessoal e familiar que se atenua com a proibição de se revelar o endereço residencial, o CPF e a CI de cada servidor. No mais, é o preço que se paga pela opção por uma carreira pública no seio de um Estado republicano. Estado que somente por explícita enunciação legal rimada com a Constituição é que deixa de atuar no espaço da transparência ou visibilidade dos seus atos, mormente os respeitantes àquelas rubricas necessariamente enfeixadas na lei orçamentária anual, como é o caso das receitas e despesas públicas. Não é por outra razão que os atentados a tal lei orçamentária são tipificados pela Constituição como "crimes de responsabilidade" (inciso VI do art. 85).

16. Em suma, esta encarecida prevalência do princípio da publicidade administrativa outra coisa não é senão um dos mais altaneiros modos de concretizar a República enquanto forma de governo. Se, por um lado, há um necessário modo republicano de administrar o Estado brasileiro, de outra parte é a cidadania mesma que tem o direito de ver o seu Estado republicanamente administrado. O "como" se administra a coisa pública a preponderar sobre o "quem" administra — falaria Norberto Bobbio —, e o fato é que esse modo público de gerir a máquina estatal é elemento conceitual da nossa República. O olho e a pálpebra da nossa fisionomia constitucional republicana.

17. Por tudo quanto posto, a negativa de prevalência do princípio da publicidade administrativa implicaria, no caso, inadmissível situação de grave lesão à ordem pública.

18. Mantenho a decisão recorrida, desprovendo os agravos regimentais.

É como voto.

2. À luz dessa orientação fica evidente que não é inconstitucional e não padece de qualquer ilegitimidade a publicação, em sítio eletrônico mantido pela Administração Pública, do nome dos seus servidores e do valor dos correspondentes vencimentos brutos e de outras vantagens pecuniárias. Sendo legítima a publicação, dela não decorre dano moral indenizável.

3. Cumpre referir que, mais recentemente, foi editada a Lei Federal de Acesso à Informação (Lei nº 12.527/2011), com aplicação também aos Estados, Municípios e ao Distrito Federal (art. 1º), com a finalidade de disciplinar o acesso a informações mantidas pelos órgãos públicos. Mesmo sem dispor expressamente sobre a obrigatoriedade da divulgação da remuneração pessoal dos servidores, a lei impõe à Administração o dever de promover a divulgação, independente de requerimento, "no âmbito de suas competências, de informações de interesse coletivo ou geral por eles produzidas ou custodiadas" (art. 8º). É certo que a definição de interesse coletivo ou geral, como todo conceito aberto, comporta preenchimento valorativo nem sempre insuscetível de questionamentos. Todavia, no caso, a cláusula legal deve ser interpretada segundo a orientação adotada pelo Supremo Tribunal Federal no precedente antes citado, como o fez, aliás, o Decreto nº 7.724, de 16 de maio de 2012, que, ao regulamentar a lei no âmbito do Poder Executivo, dispôs o seguinte:

> *"Art. 7º. É dever dos órgãos e entidades promover, independente de requerimento, a divulgação em seus sítios na Internet de informações de interesse coletivo ou geral por eles produzidas ou custodiadas, observado o disposto nos arts. 7º e 8º da Lei 12.527, de 2011.*
>
> *(...)*
>
> *§ 3º. Deverão ser divulgadas, na seção específica de que trata o § 1º, informações sobre:*
>
> *(...)*
>
> *VI — remuneração e subsídio recebidos por ocupante de cargo, posto, graduação, função e emprego público, incluindo auxílios, ajudas de custo, jetons e quaisquer outras vantagens pecuniárias, bem como proventos de aposentadoria e pensões daqueles que estiverem na ativa, de maneira individualizada, conforme ato do Ministério do Planejamento, Orçamento e Gestão;*

4. É improcedente, portanto, o pedido formulado na presente demanda. Impõe-se, consequentemente, o provimento do recurso extraordinário, afirmando-se como tese de repercussão geral que é legítima a publicação, inclusive em sítio eletrônico mantido pela Administração Pública, dos nomes dos seus servidores e do valor dos correspondentes vencimentos e vantagens pecuniárias.

5. Ante o exposto, conheço e dou provimento ao recurso extraordinário. É o voto.[8]

---

[8] Disponível em: <file:///C:/Users/Microsoft/Downloads/texto_307135406.pdf>. Acesso em: 8 nov. 2015.

PARTE V
PREVIDÊNCIA SOCIAL

1. APOSENTADORIA. ALUNO-APRENDIZ. DECISÃO DO T.C.U.

O trabalhador tem direito a computar o tempo prestado como aluno-aprendiz nos casos de aposentadoria com o seu tempo de serviço público, desde que exista vínculo empregatício e retribuição pecuniária à conta do Orçamento, que era o entendimento consagrado na Súmula n. 96 do Tribunal de Contas da União (T.C.U.). Somente a partir de 2005, com o Acórdão n. 2.024, aquela Corte mudou seu entendimento. A decisão de 1ª Turma do STF foi majoritária, no AG-MS-31.477-DF[1], de 3.3.2015, sendo relator o min. Dias Toffoli. Sua ementa é a seguinte:

> *Agravo regimental em mandado de segurança. Ato do Tribunal de Contas da União. Cômputo do tempo laborado na condição de aluno-aprendiz. Princípio da segurança jurídica. Impossibilidade da aplicação ao caso concreto dos requisitos do Acórdão nº 2.024/2005. Agravo regimental não provido.*
>
> *1. Mostra-se pacífico, no Supremo Tribunal Federal, o entendimento firmado pelo Plenário no sentido da legalidade do cômputo do tempo prestado como aluno-aprendiz nos casos de aposentadoria já concedida sob a égide de entendimento anteriormente consolidado, em virtude da necessária segurança jurídica das relações sociais consolidadas pelo tempo. Precedentes.*
>
> *2. No presente caso, o impetrante teve sua aposentadoria concedida em 8/5/98, quando ainda estava em plena vigência a Súmula nº 96 do Tribunal de Contas da União, e, portanto, preenchia os requisitos para que tivesse direito ao cômputo do tempo de serviço laborado como aluno-aprendiz.*

---

[1] AR-MS 31.477-DF, de 3.3.2015 (União *vs.* Edson José Guimarães. Intdo.: Tribunal de Contas da União) Rel.: min. Dias Toffoli.

3. Após o Acórdão nº 2.024/2005, o T.C.U. mudou a interpretação da Súmula nº 96, devendo ser aplicado o princípio da segurança jurídica, de acordo com a jurisprudência atual do Supremo Tribunal Federal.

4. Agravo regimental não provido.[2]

---

[2] Disponível em: <file:///C:/Users/Microsoft/Downloads/texto_306781970.pdf>. Acesso em: 10 nov. 2015.

2. APOSENTADORIA ESPECIAL. SERVIDOR PÚBLICO. SUMULA VINCULANTE N. 33

De acordo com a Súmula Vinculante n. 33, *aplicam-se ao servidor público, no que couber, as regras do regime geral da previdência social sobre aposentadoria especial de que trata o artigo 40, § 4º, inciso III da Constituição Federal, até a edição de lei complementar específica.* Considerando esse precedente, a RCL 21.008-MG[1] foi julgada, a 16.6.2015, procedente por decisão do relator, ministro Marco Aurélio, para que o reclamado aplica-se ao servidor público o Regime Geral da Previdência Social para fins de concessão de aposentadoria especial ao reclamante, que por mais de trinta anos trabalhou em condições insalubres. É a seguinte a decisão:

APOSENTADORIA ESPECIAL — EXAME — VERBETE VINCULANTE Nº 33 — OBSERVÂNCIA.

1. O assessor Dr. Vinicius de Andrade Prado prestou as seguintes informações:

José Renato Fressato afirma haver o Prefeito do Município de Paraguaçu/MG, ao indeferir requerimento administrativo de concessão de aposentadoria especial, olvidado o teor do Verbete Vinculante nº 33 da Súmula do Supremo.

Segundo narra, é servidor público municipal desde 1988, ocupando a posição de bioquímico. Relata possuir mais de trinta anos de trabalho em condição insalubre, a que esteve submetido antes mesmo da admissão pelo ente local. Aponta a protocolação de pedido administrativo, em 6 de junho de 2014, visando a concessão de aposentadoria especial, tendo

---

[1] RCL 21.008-MG, de 16.6.2015 (Jose Renato Fressato *vs.* Prefeito do Município de Paraguaçu. Intdo.: Município de Paraguaçu). Rel.: min. Marco Aurélio.

o pleito sido indeferido pela autoridade reclamada ante a ausência de lei complementar a disciplinar o tema.

Sustenta a erronia do ato impugnado, considerado o disposto no artigo 40, § 4º, da Carta da República, no que garantido aos servidores o direito à jubilação especial uma vez desempenhada atividade de risco ou insalubre. Entende desrespeitado o paradigma, no que assentada a observância, no tocante aos servidores, das regras do regime geral de previdência até a edição de lei complementar específica. Consoante argumenta, é pertinente, no caso, o preconizado no artigo 57 da Lei nº 8.213/91. Evoca jurisprudência. Frisa o preenchimento dos requisitos para o deferimento da jubilação.

Não alude ao requisito do risco.

Requer, em sede liminar, a suspensão do pronunciamento impugnado e, alfim, a anulação do ato no tocante à ausência de legislação para o atendimento do pleito administrativo.

Ressalta a necessidade de cientificar o Município de Paraguaçu/MG acerca do curso desta reclamação.

O processo está concluso no Gabinete.

2. Percebam as balizas do caso concreto. O reclamante, servidor público municipal, insurge-se contra ato administrativo, de 16 de abril de 2015, no qual indeferido, por inexistência de amparo legal, requerimento de concessão de aposentadoria especial em virtude da submissão a condições prejudiciais à saúde ou à integridade física. Confiram as razões consignadas pela autoridade reclamada:

> *Considerando que a aposentadoria especial, motivada pelo exercício do servidor em atividade de risco ou condições a saúde ou integridade física, não é norma positiva vigente, uma vez que sua eficácia jurídica depende de edição de Lei Complementar Federal, que ainda não existe no contexto da legislação nacional, seu pedido de aposentadoria não pode ser acatado, por falta de amparo legal.*

Mostra-se relevante a alegação. A leitura do ato impugnado revela que o fundamento foi único: a falta de legislação a viabilizar o atendimento do pleito. O quadro retratado implica o desrespeito ao contido no Verbete Vinculante nº 33 da Súmula do Supremo, no que proclamada, com eficácia vinculante, a incidência das regras atinentes ao regime geral de previdência social em benefício do servidor público, enquanto perdurar a inércia legislativa, relativamente à concessão da aposentadoria especial, conforme o artigo 40, § 4º, inciso III, da Carta de 1988. Vejam o teor do citado verbete:

Aplicam-se ao servidor público, no que couber, as regras do regime geral da previdência social sobre aposentadoria especial de que trata o artigo 40, § 4º, inciso III, da Constituição Federal, até a edição de lei complementar específica.

3. Acolho o pedido formulado, para determinar ao Município de Paraguaçu/MG que analise o pedido do reclamante, consideradas as normas alusivas ao regime geral de previdência social.

4. Publiquem.[2]

---

[2] Disponível em: file:///C:/Users/Microsoft/Downloads/texto_307069421%20(1).pdf. Acesso em: 5 dez. 2015.

3. BENEFÍCIOS PREVIDENCIÁRIOS. CRITÉRIOS DE CONCESSÃO[1]

As Medidas Provisórias ns. 664 e 665, ambas de 2014, foram questionadas por meio de quatro ADIns — ns. 5.230-DF[2], 5.232-DF[3], 5.234-DF[4] e 5.246-DF[5] —, todas relatadas pelo ministro Luiz Fux, que determinou seu apensamento. Considerando que essas duas MPs foram convertidas nas Leis ns. 13.134 e 13.135/2015, que alteraram os textos originalmente encaminhados ao Parlamento, o relator, na ADIn n. 5.230-DF, em 16.9.2015, considerou-a prejudicada e julgou extinto o processo sem resolução do mérito, à semelhança do que decidiu nas demais. A ementa e o *decisum* da ADIn 5.230-DF seguem abaixo:

> AÇÃO DIRETA DE INCONSTITUCIONALIDADE CONTRA MEDIDAS PROVISÓRIAS EDITADAS PELA PRESIDENTE DA REPÚBLICA. CONVERSÃO EM LEIS. ALTERAÇÕES SUBSTANCIAIS DO TEXTO INICIALMENTE PROPOSTO. PREJUDICIALIDADE DA AÇÃO QUE SUBSISTE MESMO APÓS REQUERIMENTO DE EMENDA À PETIÇÃO INICIAL. PRECEDENTES. AÇÃO DIRETA EXTINTA SEM JULGAMENTO DO MÉRITO.

---

[1] Sobre concessão judicial de benefícios previdenciários, v., nesta coletânea, v.18, p. 141.

[2] ADIn 5.230-DF (Solidariedade, Confederação Nacional dos Trabalhadores Metalúrgicos — CNTM, Força Sindical, Associação Nacional dos Auditores Fiscais da Receita Federal do Brasil — ANFIP, Fórum Nacional Permanente de Carreiras Típicas de Estado — FONACATE, Partido Popular Socialista — PPS. Intdo.: presidente da República). Rel.: min. Luiz Fux.

[3] ADIn 5.232-DF (Confederação Nacional dos Trabalhadores Metalúrgicos — CNTM —; Força Sindical, Intdo.: presidente da República). Rel.: min. Luiz Fux.

[4] ADIn 5.234-DF (Confederação Brasileira de Aposentados e Pensionistas — COBAP e outro(a/s). Intdo.: presidente da República). Rel.: min. Luiz Fux.

[5] ADIn 5.246-DF (Associação Nacional dos Auditores Fiscais da Receita Federal do Brasil — ANFIP. Intdo.: presidente da República). Rel.: min. Luiz Fux.

DECISÃO: Cuida-se de Ação Direta de Inconstitucionalidade proposta pelo Partido Solidariedade, objetivando a declaração de inconstitucionalidade de dispositivos das Medidas Provisórias nº 664 e nº 665, ambas de 30/12/2014, que alteraram dispositivos de leis que disciplinam benefícios previdenciários e trabalhistas.

Em 26/3/2015, determinei fossem colhidas informações das autoridades requeridas, após o que se deu vista dos autos ao advogado-geral da União e ao procurador-geral da República, para que cada qual se manifestasse na forma da legislação vigente.

Em suas informações, a presidente da República defende a improcedência dos pedidos formulados, ao fundamento principal de que "as alterações promovidas não comprometem direitos sociais" e que "não se cuida de exclusão de direitos e sim de aperfeiçoamento na concessão de benefícios, estabelecendo novos critérios, sem efeitos retroativos". Aduz, nesse sentido, que "as alterações promovidas visam justamente à preservação do equilíbrio financeiro e atuarial do RGPS, e do Regime Próprio de Previdência da União", e que "a falta de sustentabilidade dos Regimes é que poderá resultar na vulneração dos direitos sociais, por carência de recursos".

A Advocacia-Geral da União apresentou manifestação na qual sustenta a improcedência dos pedidos veiculados na presente ação, verbis:

"*Previdência e assistência social. Medidas Provisórias nº 664 e nº 665, que disciplinam a concessão de pensão por morte, auxílio-doença, seguro-desemprego e seguro defeso. Constitucionalidade formal. Critério de urgência e relevância. Discricionariedade do chefe do Poder Executivo. Ausência de abuso de poder. Não incidência do artigo 246 da Constituição da República. Ausência de alteração substancial do artigo 201 da Carta pela EC nº 2011998. Precedentes dessa Corte Suprema. Constitucionalidade material. O princípio da vedação do retrocesso social não é absoluto. Observância do núcleo essencial dos direitos sociais e do princípio do equilíbrio financeiro e atuarial. Conformidade dos atos normativos impugnados com o Texto Constitucional. Manifestação pela improcedência do pedido veiculado na presente ação direta."*

A Procuradoria-Geral da República, em parecer datado de 1º de setembro de 2015, argumenta, preliminarmente, pelo não conhecimento da ação, e no mérito pela improcedência do pedido, in litteris:

"*CONSTITUCIONAL E PREVIDENCIÁRIO. MEDIDAS PROVISÓRIAS 664 E 665/2014. MUDANÇA DE REGRAS ATINENTES A PENSÃO POR MORTE, AUXÍLIO-DOENÇA, SEGURO-DESEMPREGO, ABONO SALARIAL ANUAL E SEGURO DEFESO DA ATIVIDADE PESQUEIRA. CONVERSÃO DAS MEDIDAS PROVISÓRIAS EM LEIS. MODIFICAÇÃO SUBSTANCIAL DE CONTEÚDO NAS LEIS DE CONVERSÃO. PREJUDICIALIDADE DA AÇÃO, POR PERDA SUPERVENIENTE DE OBJETO. CONTROLE JUDICIAL DE RELEVÂNCIA E URGÊNCIA PARA EDIÇÃO DE MPs. REQUISITOS PRESENTES NA EXPOSIÇÃO DE MOTIVOS DOS ATOS. AUSÊNCIA DE EXCESSO OU ABUSO MANIFESTO DA CHEFE DO EXECUTIVO. OBSERVÂNCIA DO ART. 62, CAPUT, DA CONSTITUIÇÃO. POSSIBILIDADE DE REGULAÇÃO DE BENEFÍCIOS PREVIDENCIÁRIOS POR MEDIDA PROVISÓRIA. NÃO INCIDÊNCIA DA VEDAÇÃO DO ART. 246 DA CR.*

1. Identidade material das normas constitui pressuposto para aditamento de petição inicial de ação direta de inconstitucionalidade (ADI) contra medida provisória, após conversão em lei. Alteração substancial promovida em medida provisória no momento de sua conversão prejudica o conhecimento de ADI, pois acarreta perda superveniente de objeto.

2. Impede controle judicial dos pressupostos de relevância e urgência para edição de medidas provisórias a existência de justificativas racionais e aceitáveis em sua exposição de motivos, as quais descaracterizam excesso ou abuso manifesto no exercício da discricionariedade por parte do chefe do Poder Executivo.

3. Não há impedimento constitucional à regulação, por medida provisória, dos benefícios de pensão por morte, auxílio-doença, seguro-desemprego, abono salarial anual e seguro defeso da atividade pesqueira, porquanto apenas incide a vedação do art. 246 da Constituição da República na hipótese de regulamentação de preceitos constitucionais que tenham sofrido alteração substancial decorrente do poder constituinte derivado reformador, com introdução de novidades materiais na disciplina constitucional.

4. Parecer pela extinção do processo, sem resolução de mérito; no mérito, pela improcedência do pedido."

Em petição datada de 23 de junho de 2015, o Partido Solidariedade requer o segundo aditamento à petição inicial, *"para acrescentar ao libelo a decretação da inconstitucionalidade dos seguintes dispositivos da Lei Federal nº 13.134 de 16/6/2015 (DOU de 17/6/2015), lei de conversão da MP nº 665 de 30/12/2014: (i) arts. 1º e 6º, I, da dita Lei nº 13.134/2015, na parte em que conferiram nova redação ao art. 3º, I e II da Lei nº 7.998/1990 e (ii) art. 2º da dita Lei nº 13.134/2015, na parte em que acrescentou o art. 1º, § 8º e conferiu nova redação ao art. 2º, § 2º, I, da Lei Federal nº 10.799/2003."*

Em nova manifestação datada de 15 de setembro de 2015, o autor requer o terceiro aditamento à petição inicial, *"para acrescentar ao libelo a decretação da inconstitucionalidade dos seguintes dispositivos da Lei Federal nº 13.135 de 17/06/2015 (DOU de 18/6/2015), lei de conversão da MP nº 664 de 30/12/2014: (i) Art. 1º da Lei Federal nº 13.135/2015, na parte em que conferiu nova redação ao art. 77, §§ 2º, IV e V, 2º-A, 2º-B e 5º da Lei Federal nº 8.213/1991; e (ii) Art. 3º da Lei Federal nº 13.135/2015, na parte em que conferiu nova redação ao art. 222, III, VII e §§1º, 2º, 3º e 4º da Lei Federal nº 8.112/1990".*

O Sindicato Nacional dos Analistas Tributários da Receita Federal do Brasil — SINDIRECEITA, o Sindicato dos Trabalhadores do Poder Judiciário Federal no Estado de Minas Gerais — SITRA-EMG, o Sindicato dos Servidores das Justiças Federais do Estado do Rio de Janeiro — SISEJUFE/RJ, a Federação Nacional dos

Policiais Federais — FENAPEF, a Confederação dos Trabalhadores no Serviço Público Federal — CONDSEF, o Sindicato Nacional dos Servidores Federais da Educação Básica, Profissional e Tecnológica — SINASEFE e o Sindicato Nacional dos Servidores das Agências Nacionais de Regulação — SINAGÊNCIAS — formularam pedidos de admissão no feito como amici curiae.

É o relatório. Decido.

A presente ação foi proposta tendo como objeto dispositivos das Medidas Provisórias nº 664 e nº 665, ambas de 30/12/2014, as quais, porém, foram convertidas nas Leis nº 13.135, de 17 de junho de 2015, e nº 13.134, de 16 de junho de 2015, que empreenderam significativas modificações nos textos inicialmente propostos pela presidente da República.

Com efeito, a jurisprudência desta Corte tem assentado que quando a ação direta de inconstitucionalidade se volta contra Medida Provisória, em caso de superveniente conversão em lei e preservado seu teor normativo, deve ser aditada a petição inicial, sob pena de extinção da ação por sua prejudicialidade (ADI 1.922, rel. min. Joaquim Barbosa, Tribunal Pleno, DJe de 15/5/2007; ADI 3.849, rel. min. Celso de Mello, Tribunal Pleno, DJ de 14/9/2007; ADI 3.957, rel. min. Ricardo Lewandowski, Tribunal Pleno, DJ de 8/5/2008).

Deveras, a conclusão também é afirmada pela doutrina constitucionalista. Valho-me, a propósito, do magistério do ministro Gilmar Mendes:

> *"Devemos entender como leis e atos normativos federais passíveis de ser objetos de ação direta de inconstitucionalidade:*
>
> *[...]*
>
> *2. Leis de todas as formas e conteúdos (observada a especificidade dos atos de efeito concreto), uma vez que o constituinte se vinculou à forma legal. Nesse contexto hão de ser contempladas as leis formais e materiais.*
>
> *2.1. as leis formais ou atos normativos federais, dentre outros;*

2.2. as medidas provisórias, expedidas pelo presidente da República em caso de relevância ou urgência, com força de lei (art. 62 c/ o art. 84, XXVI). Essas medidas perdem a eficácia se não aprovadas pelo Congresso Nacional no prazo de sessenta dias, podendo ser prorrogadas uma única vez, por igual período. (CF, art. 62, § 7º). Nenhuma dúvida subsiste sobre a admissibilidade do controle abstrato em relação às medidas provisórias. O Supremo Tribunal Federal tem concedido inúmeras liminares com o propósito de suspender a eficácia dessas medidas como ato dotado de força normativa, ressalvando, porém, a sua validade enquanto proposição legislativa suscetível de ser convertida ou não em lei.

Contudo, a ação direta de inconstitucionalidade, impugnando norma constante em medida provisória, precisa ser aditada se a medida for convertida em lei."
(MENDES, Gilmar Ferreira; BRANCO, Paulo Gustavo Gonet. Curso de direito constitucional. São Paulo: Saraiva, 2015, pp. 1.162/1.164)

In casu, porém, **verifico que as alterações introduzidas pela publicação das Leis nº 13.134/2015 e nº 13.135/2015 (referentes** às **Medidas Provisórias nº 665/2014 e 664/2014, respectivamente) foram tão significativas nos textos normativos inicialmente propostos pela presidente da República que, mesmo diante da formulação de emenda à petição inicial, a presente ação direta resta prejudicada**.

Com efeito, este Tribunal já assentou que a modificação de caráter substancial introduzida durante o procedimento de conversão de Medida Provisória em Lei configura hipótese de prejudicialidade da ação de fiscalização abstrata de constitucionalidade e a consectária extinção do processo sem resolução do mérito. A propósito, colaciono os seguintes precedentes (grifos nossos):

*"AÇÃO DIRETA DE INCONSTITUCIONALIDADE — MEDIDA PROVISÓRIA Nº 145/2003 — SUPERVENIENTE CONVERSÃO NA LEI Nº 10.847/2004 — **MODIFICAÇÃO DE CARÁTER SUBSTANCIAL INTRODUZIDA DURANTE***

O PROCEDIMENTO DE CONVERSÃO DA MEDIDA PROVISÓRIA EM LEI — HIPÓTESE DE PREJUDICIALIDADE — EXTINÇÃO ANÔMALA DO PROCESSO DE FISCALIZAÇÃO NORMATIVA ABSTRATA — PRECEDENTES DO SUPREMO TRIBUNAL FEDERAL — AÇÃO DIRETA JULGADA PREJUDICADA — RECURSO DE AGRAVO IMPROVIDO."
(ADI 3.101-AgR, rel. min. Celso de Mello, Tribunal Pleno, DJe de 13/8/2014)

"AÇÃO DIRETA DE INCONSTITUCIONALIDADE — MEDIDA PROVISÓRIA No 349/2007 — **ALTERAÇÕES SUBSTANCIAIS E MATERIALMENTE SIGNIFICATIVAS DURANTE O PROCEDIMENTO DE CONVERSÃO LEGISLATIVA (LEI Nº 11.491/2007) — HIPÓTESE CARACTERIZADORA DE PREJUDICIALIDADE —** *PRETENDIDA CONVERSÃO DO PRESENTE PROCESSO DE CONTROLE NORMATIVO ABSTRATO EM ARGUIÇÃO DE DESCUMPRIMENTO DE PRECEITO FUNDAMENTAL — INADMISSIBILIDADE — NÃO CARACTERIZAÇÃO DE HIPÓTESE DE APLICAÇÃO DO PRINCÍPIO DA SUBSIDIARIEDADE (LEI Nº 9.882/99, ART. 4º, § 1º) — RECURSO IMPROVIDO." (ADI 3.864-AgR, rel. min. Celso de Mello, Tribunal Pleno, DJe de 18/8/2014)*

"AÇÃO DIRETA DE INCONSTITUCIONALIDADE. MEDIDA PROVISÓRIA 1.442, DE 10.05.1996, E SUAS SUCESSIVAS REEDIÇÕES. CRIAÇÃO DO CADASTRO INFORMATIVO DE CRÉDITOS NÃO QUITADOS DO SETOR PÚBLICO FEDERAL — CADIN. ARTIGOS 6º E 7º. CONSTITUCIONALIDADE DO ART. 6º RECONHECIDA, POR MAIORIA, NA SESSÃO PLENÁRIA DE 15.6.2000. MODIFICAÇÃO SUBSTANCIAL DO ART. 7º A PARTIR DA REEDIÇÃO DO ATO IMPUGNADO SOB O NÚMERO 1.863-52, DE 26.8.1999, MANTIDA NO ATO DE CONVERSÃO NA LEI 10.522, DE 19.7.2002. DECLARAÇÃO DE PREJUDICIALIDADE DA AÇÃO, QUANTO AO ART. 7º, NA SESSÃO PLENÁRIA DE 20.6.2007. [...]

2. ***A alteração substancial do art. 7º promovida quando da edição da Medida Provisória 1.863-52, de***

26.8.1999, depois confirmada na sua conversão na Lei 10.522, de 19.7.2002, tornou a presente ação direta prejudicada, nessa parte, por perda superveniente de objeto.

3. Ação direta parcialmente prejudicada cujo pedido, no que persiste, se julga improcedente." (ADI 1.454, rel. min. Ellen Gracie, Tribunal Pleno, DJe de 3/8/2007)

"Ação direta de inconstitucionalidade e reedição de medidas provisórias: evolução da jurisprudência: aditamento da petição inicial: pressuposto de identidade substancial das normas. **A possibilidade do aditamento da ação direta de inconstitucionalidade de modo a que continue, contra a medida provisória reeditada, o processo instaurado contra a sua edição original, pressupõe necessariamente a identidade substancial de ambas: se a norma reeditada é não apenas formal, mas também substancialmente distinta da originalmente impugnada, impõe-se a propositura de nova ação direta.*"* (ADI 1.753-QO, rel. min. Sepúlveda Pertence, Tribunal Pleno, DJ de 23/10/1998)

"AÇÃO DIRETA DE INCONSTITUCIONALIDADE DA MEDIDA PROVISÓRIA N. 160/90 — SUA CONVERSÃO SUPERVENIENTE, COM ALTERAÇÕES, NA LEI N. 8.033/90 — IMPOSSIBILIDADE DE ADITAMENTO DA INICIAL.

A lei de conversão, derivada de medida provisória objeto de ação direta de inconstitucionalidade, tendo operado alterações no conteúdo material desse ato normativo editado pelo presidente da República, constitui espécie jurídica diversa, não podendo ser impugnada na mesma ação, mediante simples aditamento da petição inicial." (ADI 258, rel. min. Celso de Mello, Tribunal Pleno, DJ de 28/2/1992)

Deveras, na esteira do posicionamento jurisprudencial aqui exposto, destaco trecho do voto proferido pelo ministro Celso de Mello no julgamento da mencionada ADI 3.864-AgR, verbis (grifos nossos):

"A decisão objeto do presente recurso de agravo julgou extinto este processo de controle normativo abstrato, por reco-

nhecer ocorrente, na espécie, **hipótese caracterizadora de prejudicialidade da ação direta de inconstitucionalidade, eis que a MP nº 349/2007 sofreu alterações substanciais e materialmente significativas durante o procedimento de conversão legislativa**, de que resultou a edição da Lei nº 11.491, de 20/6/2007.

Como referido na decisão ora agravada, o Partido da Frente Liberal — PFL, hoje Democratas (DEM), impugnou a Medida Provisória nº 349, de 22 de janeiro de 2007, editada com a finalidade de instituir 'o Fundo de Investimento do FGTS — FIFGTS', além de alterar a Lei nº 8.036/90.

Ao proferir a decisão em causa, reconheci ocorrente, na espécie, **hipótese caracterizadora da prejudicialidade da presente ação direta, porque a MP nº 349/2007 efetivamente sofreu, no curso do procedimento de sua conversão legislativa, modificações relevantes que implicaram alterações substanciais em seu primitivo texto normativo.**

O eminente procurador-geral da República, ao enfatizar esse particular aspecto da questão, quando do parecer que examinou o presente recurso de agravo, teve o ensejo de reconhecer configurada, na espécie, típica hipótese de prejudicialidade, a impor, por isso mesmo, o improvimento do 'agravo regimental' em questão [...]

É certo que a transformação da referida medida provisória em lei ensejou a formulação, pelos Democratas, de pedido de 'aditamento da presente ação direta de inconstitucionalidade, para alcançar, além dos dispositivos da Medida Provisória nº 349/2007 impugnados nesta inicial, os dispositivos correspondentes da respectiva Lei nº 11.491/2007 (...)' (fls. 112/113, item 'a').

Reconheço, neste ponto, que a mera conversão legislativa da medida provisória não basta, por si só, como sabemos, para fazer instaurar situação de prejudicialidade da ação direta, consoante entendimento prevalecente nesta Suprema Corte:

[...]

Se, no entanto, a lei — que resultar do procedimento de conversão — veicular alterações substanciais no primitivo conteúdo normativo da medida provisória, configurar-se-á, então, hipótese de prejudicialidade, pois, em tal situação, estar-se-á em face de ato estatal que não mantém qualquer relação de identidade com o texto da medida provisória originariamente questionada em sede de fiscalização abstrata. E, efetivamente, foi o que ocorreu, a meu juízo, na espécie ora em análise.

[...]

O Supremo Tribunal Federal, em sua prática jurisprudencial, tem reconhecido registrar-se, em tal situação (alteração substancial do texto da medida provisória originariamente impugnada), típica hipótese de prejudicialidade, apta a operar a extinção anômala do processo de controle abstrato de constitucionalidade.

[...]

Incide, portanto, no caso, a jurisprudência que esta Suprema Corte estabeleceu, no sentido de reconhecer caracterizada, em situações como a que este processo registra, hipótese de prejudicialidade da ação direta (RTJ 136/453 — RTJ 140/797 — RTJ 156/29)."

Nessa mesma linha, colaciono excerto do parecer da Procuradoria-Geral da República, verbis (grifos nossos):

"Este caso é ainda mais grave [...], porquanto as leis de conversão trouxeram significativas alterações nos dispositivos impugnados das medidas provisórias, com modificações substanciais de conteúdo. Simples cotejo entre os textos das Medidas Provisórias 664/2014 e 665/2014 e os textos aprovados dos respectivos projetos de lei de conversão evidencia as relevantes alterações introduzidas pelas Leis 13.134/2015 e 13.135/2015.20

Esta ADI, por conseguinte, está inelutavelmente prejudicada por perda superveniente de objeto, *e não mais cabe aditamento à petição inicial.*

[...]
A jurisprudência da Suprema Corte é pacífica em reputar que prejudica conhecimento de ação direta alteração substancial e materialmente significativa na conversão de medida provisória em lei.

[...]
Devido às alterações substanciais promovidas na disciplina dos benefícios previdenciários de pensão por morte, auxílio-doença, seguro-desemprego, abono salarial anual e seguro defeso da atividade pesqueira, na conversão das medidas provisórias em leis, impõe-se reconhecer prejudicialidade, por perda superveniente de objeto, desta ação direta de inconstitucionalidade."

Destarte, apesar de a mera conversão de Medida Provisória em Lei, se realizado o aditamento à petição inicial de ação voltada contra tal ato normativo emanado do chefe do Poder Executivo, não bastar, per si, à prejudicialidade da ação, o entendimento do STF é pacífico no sentido de que se a lei de conversão empreender alterações substanciais no conteúdo normativo do ato inicialmente impugnado configurar-se-á a hipótese de prejudicialidade.

Consectariamente, mostra-se incontroverso que **as alterações introduzidas pela publicação das Leis nº 13.134/2015 e nº 13.135/2015 (referentes às Medidas Provisórias nº 665/2014 e 664/2014, respectivamente) foram tão significativas nos textos normativos inicialmente propostos pela presidente da República que, mesmo diante da formulação de emenda à petição inicial, a presente ação direta resta prejudicada.**

Ex positis, *nos termos do art. 267, VI, do CPC, e do art. 21, IX e § 1º, do Regimento Interno do STF,* **julgo extinto o processo, sem julgamento de mérito,** *em razão de sua prejudicialidade, restando prejudicados os pedidos de admissão no feito como* amici curiae.

Publique-se. Int. [6]

---

[6] Disponível em: <file:///C:/Users/Microsoft/Downloads/texto_307751723.pdf>. Acesso em: 8 nov. 2015.

4. CONTRIBUIÇÃO PREVIDENCIÁRIA

4.1. PARCELAS ADICIONAIS. INCIDÊNCIA

Ocorre incidência da contribuição previdenciária sobre horas extras, adicional de insalubridade e terço de férias? O julgamento do RE 593.068-SC[1], relatado pelo ministro Luís Roberto Barroso, vai esclarecer esse aspecto, mas esteve suspenso em decorrência de pedido de vista o ministro Luiz Fux, e presentemente encontra-se com vistas a ministra Cármen Lúcia[2]. O noticiário a respeito o seguinte:

> Pedido de vista do ministro Luiz Fux suspendeu nesta quarta-feira (4) o julgamento do Recurso Extraordinário (RE) 593068, com repercussão geral reconhecida, no qual o Plenário do Supremo Tribunal Federal (STF) discute a incidência da contribuição previdenciária sobre parcelas adicionais do salário, como terço de férias, horas extras e adicional de insalubridade. O recurso foi interposto por uma servidora pública contra acórdão de Turma Recursal da Seção Judiciária de Santa Catarina que considerou válida a cobrança da contribuição sobre parcelas adicionais do salário antes da vigência da Lei Federal 10.887/2004.
>
> No momento do pedido de vista haviam votado pelo parcial provimento do RE o ministro Luís Roberto Barroso, relator do processo, e a ministra Rosa Weber. No entendimento de ambos, não seria aplicável a cobrança de contribuição previdenciária

---

[1] RE 593.068-SC (Catia Mara de Oliveira de Melo vs. União. Am. curiae.: Estado do Rio Grande do Sul; Município de Belo Horizonte; Sindicato Nacional dos Auditores Fiscais da Receita Federal do Brasil; União dos Advogados Públicos Federais do Brasil — UNAFE). Rel.: Luís Roberto Barroso.

[2] Cf. <http://www.stf.jus.br/portal/processo/verProcessoAndamento.asp?numero=593068&classe=RE&codigoClasse=0&origem=JUR&recurso=0&tipoJulgamento=M>. Acesso em: 10 nov. 2015.

sobre parcelas que não integram o cálculo da aposentadoria. A divergência foi aberta pelo ministro Teori Zavascki, que considerou que, mesmo sem reflexos nos proventos de aposentadoria, a Constituição autoriza a cobrança da contribuição previdenciária sobre todas as parcelas integrantes da remuneração dos servidores. A decisão do Tribunal sobre a matéria terá impacto em, pelo menos, 30.403 processos sobrestados em outras instâncias.

Relator

O ministro Barroso observou que a jurisprudência do STF até o momento exclui a incidência da contribuição previdenciária sobre as verbas adicionais ao salário. Segundo ele, se não há benefício para o segurado no momento da aposentadoria, as parcelas não devem estar sujeitas à tributação. "O conjunto normativo é claríssimo no sentido de que a base de cálculo para a incidência da contribuição previdenciária só deve computar os ganhos habituais e os que têm reflexos para aposentadoria", salientou.

O ministro lembrou que o sistema previdenciário, tanto do Regime Geral de Previdência Social (para os trabalhadores celetistas) quanto do regime próprio dos servidores públicos, tem caráter contributivo e solidário, o que, segundo ele, impede que haja contribuição sem o correspondente reflexo em qualquer benefício efetivo.

Barroso ressaltou que, embora a incidência de contribuição previdenciária sobre as parcelas tenha sido afastada expressamente a partir da vigência da Lei 12.688/2012, a legislação anterior deve ser interpretada conforme o preceito estabelecido pelo artigo 201 da Constituição Federal, segundo o qual a contribuição incide unicamente sobre as remunerações ou os ganhos habituais que tenham repercussão em benefícios. "Como consequência, ficam excluídas as verbas que não se incorporam à aposentadoria. A dimensão contributiva do sistema é incompatível com a cobrança de contribuição previdenciária sem que se confira ao segurado qualquer benefício efetivo ou potencial", frisou.[3]

---

[3] Disponível em: <http://www.stf.jus.br/portal/cms/verNoticiaDetalhe.asp?idConteudo=286612>. Acesso em: 9 mar. 2015.

4.2. TRABALHADOR AVULSO

Considerando, em 14.8.2015, que *a matéria envolvendo a constitucionalidade da expressão de forma não cumulativa constante no caput do art. 20 da Lei n. 8.212/91, o qual prevê a sistemática de cálculo da contribuição previdenciária devida pelo segurado empregado e pelo trabalhador avulso, possui viés constitucional e repercussão geral, pois concerne a afronta aos princípios da capacidade contributiva, da proporcionalidade e da isonomia*, o STF irá decidir sobre a constitucionalidade da expressão *de forma não cumulativa*, do art. 20 da Lei n. 8.212/91, no RE 852.796-RS [4], relatado pelo ministro Dias Toffoli, que entendeu que *envolve o Sistema da Seguridade Social, atingindo todos os segurados empregados e os trabalhadores avulsos vinculados ao Regime Geral de Previdência Social*. O noticiário a respeito consigna:

> *O Supremo Tribunal Federal (STF) reconheceu repercussão geral no Recurso Extraordinário (RE) 852.796, que trata da forma de cálculo da contribuição previdenciária devida pelo segurado empregado e pelo trabalhador avulso. O Plenário do STF irá discutir a constitucionalidade da expressão "de forma não cumulativa", constante do caput do artigo 20 da Lei Federal 8.212/1991.*
>
> *O RE foi interposto pela União contra acórdão de Turma Recursal dos Juizados Especiais Federais do Rio Grande do Sul que reconheceu a inconstitucionalidade da expressão "de forma não cumulativa", conforme dispõe o artigo 20 da Lei 8.212/1991. O acórdão recorrido julgou inconstitucional a sistemática de cálculo ao assentar que aplicação de apenas uma alíquota à integralidade do salário de contribuição seria desproporcional, violando o princípio da isonomia.*
>
> *A União recorreu alegando que a Turma Recursal, ao instituir nova fórmula de cálculo, cumulativo, para as contribuições sociais devidas pelos segurados empregados, domésticos e avulsos, semelhantes à apuração do montante devido no Imposto de Renda da Pessoa Física (IRPF), teria atuado como legislador, violando o artigo 2º da Constituição Federal (princípio da separação dos Poderes). Sustenta, ainda, que a nova sistemática proposta não*

---

[4] RE 852.796-RS, de 14.8.2015 (União *vs.* Flavio Nelson Keller). Rel.: min. Dias Toffoli.

possui amparo nas normas que tratam da matéria, pois, ao decidir a forma de custeio da Previdência Social, o legislador infraconstitucional optou pela observância dos princípios da capacidade contributiva e da vedação ao confisco.

A União argumenta não haver qualquer vedação constitucional à tributação por meio de alíquota única sobre todo o salário de contribuição, por meio da aplicação de tabela progressiva, e que a forma tem sido utilizada desde 1991, quando entrou em vigor a Lei 8.212, que institui o Plano de Custeio da Previdência Social com base nos preceitos da Constituição Federal de 1988. Observa, também, que a discussão repercute em todas as ações judiciais relativas à incidência de contribuições dos segurados da Previdência Social destinadas à Seguridade Social.

Em manifestação pelo reconhecimento da repercussão geral do recurso, o relator, ministro Dias Toffoli, salientou que a matéria, além de constitucional, ultrapassa os limites objetivos da causa, "pois envolve o Sistema da Seguridade Social, atingindo todos os segurados empregados e os trabalhadores avulsos vinculados ao Regime Geral de Previdência Social". A manifestação do relator foi seguida, por unanimidade, em deliberação no Plenário Virtual da Corte.[5]

---

[5] Disponível em: <http://www.stf.jus.br/portal/cms/verNoticiaDetalhe.asp?idConteudo=298611>. Acesso em: 20 set. 2015.

PARTE VI
OUTROS TEMAS

1. PENSÃO ALIMENTÍCIA. FIXAÇÃO EM SALÁRIOS MÍNIMOS

Extremamente tormentosa para a jurisprudência brasileira tem sido, desde a promulgação da Constituição de 1988, a observância do disposto no inciso IV do art. 7º da Lei Fundamental, que veda *sua vinculação para qualquer fim*. A Súmula Vinculante n. 4 do STF reitera essa proibição. Mas existem diversas exceções. Alguns Tribunais Regionais adotam o salário mínimo como base de cálculo do adicional de insalubridade, na linha traçada pelo TST. É o caso da Súmula n. 28, de 9.3.2015, do TRT da 8ª Região: *"ADICIONAL DE INSALUBRIDADE. BASE DE CÁLCULO. A base de cálculo do adicional de insalubridade é o salário mínimo, até que haja definição legal (Resolução TST n. 185/2012)."*

Nessa linha de excepcionalidade, o STF manteve, reconhecendo repercussão geral, sua jurisprudência no sentido de que é possível fixar pensão alimentícia em salários mínimos. Foi no ARE 842.157-DF [1], de 5.6.2015, relatado pelo ministro Dias Toffoli, assim ementado:

> *DIREITO CONSTITUCIONAL. PENSÃO ALIMENTÍCIA. AÇÃO DE ALIMENTOS. FIXAÇÃO COM BASE NO SALÁRIO MÍNIMO. POSSIBILIDADE. ALEGAÇÃO DE VIOLAÇÃO AO ART. 7º, INCISO IV, DA CONSTITUIÇÃO FEDERAL. AUSÊNCIA DE INCONSTITUCIONALIDADE. REAFIRMAÇÃO DE JURISPRU-DÊNCIA. REPERCUSSÃO GERAL RECONHECIDA.*[2]

---

[1] ARE 842.157-DF, de 5.6.2015 (H. N. *vs.* G. Y. T. N. representado por S. T. e G. E. T. N. representado por S. T.). Rel.: min. Dias Toffoli.

[2] Disponível em: <http://www.stf.jus.br/portal/jurisprudencia/listarJurisprudencia.asp?s1=%28ARE%24%2ESCLA%2E+E+842157%2ENUME%2E%29+OU+%28ARE%2EPRCR%2E+ADJ2+842157%2EPRCR%2E%29&base=baseRepercussao&url=http://tinyurl.com/pq73z74>. Acesso em: 6 dez. 2015.

2. SÚMULAS VINCULANTES DO STF SOBRE MATÉRIA TRABALHISTA

Até o final de 2015, haviam sido aprovadas pelo Excelso Pretório 53 Súmulas Vinculantes, e as que tratam de matéria trabalhista estão abaixo transcritas, com a indicação da fonte de publicação, da legislação pertinente e dos respectivos precedentes.

Súmula Vinculante n. 4

Salvo nos casos previstos na Constituição, o salário mínimo não pode ser usado como indexador de base de cálculo de vantagem de servidor público ou de empregado, nem ser substituído por decisão judicial.

Fonte de Publicação
DJe n. 83/2008, p. 1, em 9/5/2008; DOU de 9/5/2008, p. 1.

Legislação
Constituição de 1988, art. 7º, IV e XXIII; art. 39, §§ 1º e 3º; art. 42, § 1º; art. 142, § 3º, X.

Precedentes
RE 236396, RE 208684, RE 217700, RE 221234, RE 338760, RE 439035, RE 565714

Súmula Vinculante n. 6

Não viola a Constituição o estabelecimento de remuneração inferior ao salário mínimo para as praças prestadoras de serviço militar inicial.

Fonte de Publicação
DJe n. 88/2008, p. 1, em 16/5/2008; DOU de 16/5/2008, p. 1.

Legislação
Constituição de 1988, art. 1º, III; art. 5º, *caput*; art. 7º, IV; art. 142, § 3º, VIII, (redação dada pela Emenda Constitucional n. 18/1998); art. 143, *caput*, §§ 1º e 2º.
Medida Provisória 2215/2001, art. 18, § 2º.

Precedentes

RE 570177; RE 551453; RE 551608; RE 558279; RE 557717; RE 557606; RE 556233; RE 556235; RE 555897; RE 551713; RE 551778; RE 557542

Súmula Vinculante n. 10

Viola a cláusula de reserva de plenário (CF, artigo 97) a decisão de órgão fracionário de tribunal que, embora não declare expressamente a inconstitucionalidade de lei ou ato normativo do poder público, afasta sua incidência, no todo ou em parte.

Fonte de Publicação

DJe n. 117/2008, p. 1, em 27/6/2008; DOU de 27/6/2008, p. 1

Legislação

Constituição de 1988, art. 97.

Precedentes

RE 482090; RE 240096; RE 544246; RE 319181; AI 472897 AgR

Súmula Vinculante n. 13

A nomeação de cônjuge, companheiro ou parente em linha reta, colateral ou por afinidade, até o terceiro grau, inclusive, da autoridade nomeante ou de servidor da mesma pessoa jurídica investido em cargo de direção, chefia ou assessoramento, para o exercício de cargo em comissão ou de confiança ou, ainda, de função gratificada na administração pública direta e indireta em qualquer dos Poderes da União, dos Estados, do Distrito Federal e dos Municípios, compreendido o ajuste mediante designações recíprocas, viola a Constituição Federal.

Fonte de Publicação

DJe n. 162/2008, p. 1, em 29/8/2008; DOU de 29/8/2008, p. 1.

Legislação

Constituição de 1988, art. 37, *caput*

Precedentes

ADI 1521 MC; MS 23780; ADC 12 MC; ADC 12; RE 579951

Súmula Vinculante n. 15

O cálculo de gratificações e outras vantagens do servidor público não incide sobre o abono utilizado para se atingir o salário mínimo.

Fonte de Publicação
DJe n. 121/2009, p. 1, em 1/7/2009; DOU de 1º/7/2009, p. 1.

Legislação
Constituição de 1988, art. 7º, IV.

Precedentes
RE 439360 AgR; RE 518760 AgR; RE 548983 AgR; RE 512845 AgR; RE 490879 AgR; RE 474381 AgR; RE 436368 AgR; RE 572921 RG-QO

Súmula Vinculante n. 16

Os artigos 7º, IV, e 39, § 3º (redação da EC 19/98), da Constituição, referem-se ao total da remuneração percebida pelo servidor público.

Fonte de Publicação
DJe n. 121/2009, p. 1, em 1º/7/2009; DOU de 1º/7/2009, p. 1.

Legislação
Constituição de 1988, art. 7º, IV; art. 39, § 2º (redação anterior à Emenda Constitucional 19/1998); art. 39, § 3º (redação dada pela Emenda Constitucional 19/1998); Emenda Constitucional 19/1998.

Precedentes
RE 199098; RE 197072; RE 265129; AI 492967 AgR; AI 601522 AgR; RE 582019 RG-QO

Súmula Vinculante n. 17

Durante o período previsto no parágrafo 1º do artigo 100 da Constituição, não incidem juros de mora sobre os precatórios que nele sejam pagos.

Fonte de Publicação
DJe n. 210 de 10/11/2009, p. 1; DOU de 10/11/2009, p. 1.

Legislação
Constituição de 1988, art. 100, § 1º (redação dada pela Emenda Constitucional 30/2000) e § 5º (redação dada pela Emenda Constitucional n. 62/2009).

Precedentes
RE 591085 RG-QO; RE 298616; RE 305186; RE 372190 AgR; RE 393737 AgR; RE 589345; RE 571222 AgR; RE 583871

Súmula Vinculante n. 22

A Justiça do Trabalho é competente para processar e julgar as ações de indenização por danos morais e patrimoniais decorrentes de acidente de trabalho propostas por empregado contra empregador, inclusive aquelas que ainda não possuíam sentença de mérito em primeiro grau quando da promulgação da Emenda Constitucional n. 45/04.

Fonte de Publicação
DJe n. 232/2009, p. 1, em 11/12/2009; DOU de 11/12/2009, p. 1.

Legislação
Constituição de 1988, art. 7º, XXVIII; art. 109, I; art. 114.

Precedentes
CC 7204; AI 529763 AgR-ED; AI 540190 AgR; AC 822 MC

Súmula Vinculante n. 23

A Justiça do Trabalho é competente para processar e julgar ação possessória ajuizada em decorrência do exercício do direito de greve pelos trabalhadores da iniciativa privada.

Fonte de Publicação
DJe n. 232/2009, p. 1, em 11/12/2009; DOU de 11/12/2009, p. 1.

Legislação
Constituição de 1988, art. 114, II.

Precedentes
RE 579648; CJ 6959; RE 238737; AI 611670; AI 598457; RE 555075; RE 576803

Súmula Vinculante n. 25

É ilícita a prisão civil de depositário infiel, qualquer que seja a modalidade do depósito.

Fonte de Publicação
DJe n. 238 de 23/12/2009, p. 1; DOU de 23/12/2009, p. 1.

Legislação:
Constituição de 1988, artigo 5º, LXVII e § 2º; Convenção Americana sobre Direitos Humanos (Pacto de S. José da Costa Rica), artigo 7º, § 7º; Pacto Internacional sobre Direitos Civis e Políticos, artigo 11.

Precedentes :
RE 562.051; RE 349.703; RE 466.343; HC 87.585; HC 95.967; HC 91.950; HC 93.435; HC 96.687 MC; HC 96.582; HC 90.172; HC 95.170 MC

Súmula Vinculante n. 37

Não cabe ao Poder Judiciário, que não tem função legislativa, aumentar vencimentos de servidores públicos sob o fundamento de isonomia.

Fonte de Publicação
DJe n. 210 de 24/10/2014, p. 2; DOU de 24/10/2014, p. 1.

Legislação
Constituição de 1988, art. 2º; art. 5º, *caput* e II; e art. 37, X; Súmula 339 do STF.

Precedentes
RE 592317; RE 173252; RMS 21662; RE 711344 AgR; RE 223452 AgR; RE 637136 AgR; ARE 762806 AgR; RE 402467 AgR

Súmula Vinculante n. 40

A contribuição confederativa de que trata o art. 8º, IV, da Constituição Federal só é exigível dos filiados ao sindicato respectivo.

Fonte de publicação
DJe n. 55 de 20/3/2015, p. 1; DOU de 20/3/2015, p. 1

Legislação
Constituição de 1988, art. 8, IV.; Súmula 666 do STF.

Precedentes
RE 495248 AgR; AI 731640 AgR; AI 706379 AgR; AI 654603 AgR; RE 176533 AgR;
AI 672633 AgR; AI 657925 AgR; AI 612502 AgR; AI 609978 AgR; RE 461451 AgR;

AI 476877 AgR; AI 499046 AgR; RE 224885 AgR; RE 175438 AgR; RE 302513 gR; AI 351764 AgR; AI 339060 AgR; AI 313887 AgR; RE 193174; RE 195885; RE 196110; RE 222331; RE 171905 AgR; RE 173869; RE 198092

Súmula Vinculante n. 53

A competência da Justiça do Trabalho prevista no art. 114, VIII, da Constituição Federal alcança a execução de ofício das contribuições previdenciárias relativas ao objeto da condenação constante das sentenças que proferir e acordos por ela homologados.

Fonte de Publicação

DJe n. 121 de 23/6/2015, p. 2; DOU de 23/6/2015, p. 2.

Referência Legislativa

Constituição de 1988, art. 114, VIII.

Precedente

RE 569056

ÍNDICES

ÍNDICE GERAL

SUMÁRIO...	13
INTRODUÇÃO	15
PARTE I — DIREITOS INDIVIDUAIS...........................	17
1. Abono salarial	19
2. Aprendiz. Tempo de serviço.................................	28
3. Conselhos profissionais. Regime de contratação de empregados...	38
4. Contribuição ao Senar. Incidência	40
5. Convenção n. 158. Denúncia. Inconstitucionalidade...........	42
6. Débitos trabalhistas. Correção. Índice..................	48
7. Décimo terceiro salário. Antecipação para aposentados e pensionistas..	62
8. Dispensa incentivada. Validade de cláusula de renúncia....	64
9. FGTS	66
9.1. Contratação nula	66
9.2. Legitimidade do Ministério Público Federal..................	67
10. Ministério Público Estadual. Anotação de dados na CTPS ...	70
11. Seguro-desemprego. Critério de concessão.......	72
12. Trabalhador avulso. Horas extras	74
PARTE II — DIREITOS COLETIVOS............................	81
1. Dissídio coletivo	83
1.1. De comum acordo	83
1.2. Extinção. Ação de cumprimento. Perda de objeto........	84
2. Sindicato. Ilegitimidade para ajuizamento. ADIn.	85
PARTE III — DIREITO PROCESSUAL	87
1. Competência...	89
1.1. Aposentadoria complementar. Justiça comum............	89
1.2. Menor. Autorização de trabalho. Trabalho artístico.......	91
1.3. Servidor estadual celetista	99
1.3.1. Justiça do trabalho............................	99
1.3.2. Justiça comum estadual	100

  1.4. Trabalho "escravo" 101
 2. Embargos de declaração. Erro de julgamento 104

PARTE IV — SERVIÇO PÚBLICO 107
 1. Abono de permanência. Suspensão de decisão do T.C.U. ... 109
 2. Concurso público. Banca examinadora. Não interferência do Poder Judiciário 113
 3. Empregado público. Dispensa após aposentadoria. Reintegração 114
 4. Greve 121
  4.1. Servidor público. Regulamentação por lei estadual. 121
  4.2. Policiais militares. 122
  4.3. Professor. Corte de ponto. 123
 5. Magistratura. Idade-limite para ingresso 128
 6. Médico. Servidor público. Jornada de trabalho 130
 7. Servidor público 137
  7.1. Nomeação por decisão judicial. Indenização 137
  7.2. Teto constitucional. Valor bruto da remuneração 137
  7.3. Uso de tatuagem 138
  7.4. Vencimentos. Publicidade 141

PARTE V — PREVIDÊNCIA SOCIAL 149
 1. Aposentadoria. Aluno-aprendiz. Decisão do T.C.U. 151
 2. Aposentadoria especial. Servidor público. Súmula Vinculante n. 33 153
 3. Benefícios previdenciários. Critérios de concessão 156
 4. Contribuição previdenciária 167
  4.1. Parcelas adicionais. Incidência 167
  4.2. Trabalhador avulso 169

PARTE VI — OUTROS TEMAS 171
 1. Pensão alimentícia. Fixação em salário mínimo 173
 2. Súmulas vinculantes do STF sobre matéria trabalhista 174

Índices 181
Índice geral 183
Índice dos julgados publicados na coletânea 185
Índice dos ministros do STF — prolatores dos julgados citados ... 207
Índice temático 211

ÍNDICE DOS JULGADOS PUBLICADOS NA COLETÂNEA

VOLUMES 1 A 19

N. do Julgado	Volume	Página
AC 340-7-RJ	8	54
AC 3.433-PR	17	58
AC 9.690-SP	1	41
AC 9.696-3-SP	1	40
ACO 533-9-PI	2	23
ACO 709-SP	17	113
ACO 1.437-DF	17	129
ACO (AGRG) 524-0-SP	7	68
ADC 34-DF	18	95
ADC 36-DF	19	38
ADC 39-DF	19	46
ADIn 100-1-MG	8	88
ADIn 254-6-GO	7	48
ADIn 271-6-DF	5	35
ADIn 306-2-DF	4	85
ADIn 510-AM	18	88
ADIn 554-5-MG	1/10	102/59
ADIn 609-6-DF	6	197
ADIn 639-8-DF	9	17
ADIn 953-2-DF	7	176
ADIn 990-7-MG	7	45
ADIn 1.040-9-DF	6	170
ADIn 1.074-3-DF	11	123
ADIn 1.105-7-DF	10/14	141/75
ADIn 1.127-8-DF	10	141
ADIn 1.194-4-DF	9/13	154/98
ADIn 1.377-7-DF	10	139
ADIn 1.404-8-SC	4	167

N. do Julgado	Volume	Página
ADIn 1.439-1-DF	7	19
ADIn 1.458-7-DF	1	19
ADIn 1.480-3-DF	2/5	59/15
ADIn 1.484-6-DF	5	170
ADIn 1.625-DF	19	42
ADIn 1.661-1-PA	7	120
ADIn 1.662-7-DF	2/5	120/75
ADIn 1.675-1-DF	1	29
ADIn 1.696-0-SE	6	59
ADIn 1.721-3-DF	1/2/10	46/31/23
ADIn 1.749-5-DF	4	163
ADIn 1.753-2-DF	2	165
ADIn 1.770-4-DF	2	31
ADIn 1.797-0-PE	4	148
ADIn 1.849-0-DF	3	125
ADIn 1.878-0-DF	2/6/7	34/96/137
ADIn 1.880-4-DF	2	90
ADIn 1.912-3-RJ	3	35
ADIn 1.942-DF	13	67
ADIn 1.946-5-DF	7	132
ADIn 1.953-8-ES	4	59
ADIn 1.967-8-DF	4	163
ADIn 1.971-6-SP	5	163
ADIn 1.976-7-DF	11	65
ADIn 2.010-8-DF	6	200
ADIn 2.024-2-DF	4	164
ADIn 2.054-4-DF	7	182
ADIn 2.093-6-SC	8	103
ADIn 2.098-6-AL	5	127
ADIn 2.105-2-DF	4/5	146/187
ADIn 2.107-9-DF	5	127
ADIn 2.139-7-DF	11/13	49/83
ADIn 2.160-5-DF	4/13	105/83
ADIn 2.180-0-SP	5	163
ADIn 2.201-6-DF	7	93
ADIn 2.310-1-DF	5	95
ADIn 2.652-8-DF	7	174
ADIn 2.679-8-AL	6	49

N. do Julgado	Volume	Página
ADIn 2.687-9-PA	7	128
ADIn 2.931-2-RJ	9	78
ADIn 3.026-4-DF	10	143
ADIn 3.030-2-AP	9	79
ADIn 3.068-0-DF	9	11
ADIn 3.085-0-CE	9	93
ADIn 3.105-8-DF	8	121
ADIn 3.127-DF	19	66
ADIn 3.224-1-AP	8	91
ADIn 3.300-0-DF	10	186
ADIn 3.347-DF	16	57
ADIn 3.367-1-DF	9/10	83/115
ADIn 3.392-1-DF	11	35
ADIn 3.395-6-DF	9/10	94/95
ADIn 3.453-7-DF	11	63
ADIn 3.510-0-DF	12	121
ADIn 3.934-2-DF	11/13	23/33
ADIn 3.541-0-DF	18	67
ADIn 4.015-PA	12	89
ADIn 4.167-3-DF	12/15	21/35
ADIn 4.292-DF	13	59
ADIn 4.347-DF	13	70
ADIn 4.357-DF	17	107
ADIn 4.364-SC	15	55
ADIn 4.425-DF	17	107
ADIn 4.568-DF	15	37
ADIn 4.696-DF	15	83
ADIn 4.698-MA	15	83
ADIn 4.716-DF	16	77
ADIn 4.738-DF	16	63
ADIn 4.742-DF	16	77
ADIn 4.849-DF	16	34
ADIn 4.876-DF	18	127
ADIn 4.976-DF	18	31
ADIn 5.013-DF	17	38
ADIn 5.035-DF	17	53
ADIn 5.036-DF	17	53
ADIn 5.050-DF	17	43

N. do Julgado	Volume	Página
ADIn 5.051-DF	17	43
ADIn 5.090-DF	18	34
ADIn 5.123-MT	19	85
ADIn 5.213-DF	19	121
ADIn 5.230-DF	19	156
ADIn 5.232-DF	19	156
ADIn 5.234-DF	19	156
ADIn 5.246-SP	19	156
ADIn 5.326-DF	19	91
ADIn 5.329-DF	19	128
ADIn 5.340-DF	19	72
ADIn 5.367-DF	19	38
ADIn-MC 1.121-9-RS	1	50
ADIn-MC 1.567-2-DF	1	100
ADIn-MC 1.721-3-DF	7	22
ADIn-MC 2.111-7-DF	7	139
ADIn-MC 2.176-1-RJ	4	177
ADIn-MC 3.126-1-DF	8/9	92/92
ADIn-MC 3.472-3-DF	9	117
ADPF 47-5-PA	12	26
ADPF-MC 54-8-DF	8	155
ADPF-151-DF	14/15	38/45
ADPF-264-DF	18	99
ADPF-275-PB	17	137
ADPF-276-DF	17	90
ADPF-277-DF	17	90
ADPF-293-RJ	17	29
ADPF-355-DF	19	19
ADPF-361-DF	19	91/98
ADPF-363-DF	19	62
ADPF-367-DF	19	38
AG-AI 156.338-0-PR	1	60
AG-AI 214.076-8-RS	2	123
AG-AI 223.271-7-MG	3	13
AGRAG 248.880-1-PE	4	109
AGRAG 324.304-7-SP	6	157
AG-RE 220.170-2-SP	2	64
AG-RE 227.899-9-MG	2	19

N. do Julgado	Volume	Página
AG-RE 241.935-8-DF	4	49
AG(AGRG) 258.885-1-RJ	4	108
AG(AGRG) 316.458-1-SP	6	162
AGRG-ADIn 3.153-8-DF	9	25
AGRG-AI 171.020-9-CE	5	39
AGRG-AI 267.115-7-DF	4	137
AGRG-AI 238.385-6-PR	5	70
AGRG-AI 404.860-1-DF	10	103
AGRG-AI 410.330-0-SP	7	60
AGRG-AI 416.962-2-ES	7	17
AGRG-AI 442.897-6-ES	10	163
AGRG-AI 453.737-1-RJ	7	89
AGRG-AI 479.810-7-PR	10	151
AGRG-AI 528.138-0-MS	10	140
AGRG-AI 570.429-9-RS	12	115
AGRG-AI 582.921-1-MA	10	35
AGRG-AO 820-4-MG	7	116
AGRG-MI-774-DF	18	83
AGRG-MS 25.489-1-DF	9	122
AGRG-RE 222.368-4-PE	7	66
AGRG-RE 273.834-4-RS	5	192
AGRG-RE 281.901-8-SP	5	47
AGRG-RE 299.671-8-RS	6	160
AGRG-RE 347.334-7-MG	7	90
AGRG-RE 409.997-7-AL	10	154
AGRG-RE 507.861-2-SP	11	57
AGRG-RG 269.309-0-MG	5	58
AI 139.671-(AGRG)-DF	1	43
AI 153.148-8-PR	1	60
AI 208.496-9-ES	2	102
AI 210.106-0-RS	2	55
AI 210.466-6-SP	2	45
AI 212.299-0-SP	2	15
AI 212.918-1-DF	2	149
AI 215.008-6-ES	2	36
AI 216.530-8-MG	2	132
AI 216.786-2-SP	2	81
AI 218.578-8-PR	2	125

N. do Julgado	Volume	Página
AI 220.222-2-DF	2	85
AI 220.739-5-SP	2	106
AI 224.483-5-PB	4	44
AI 229.862-4-RS	3	15
AI 233.762-1-RS	3	105
AI 233.835-8-RS	3	90
AI 237.680-1-SP	3	50
AI 238.733-1-MG	3	56
AI 240.632-6-RS	3	121
AI 243.418-0-MG	3	101
AI 244.136-6-SP	3	20
AI 244.154-4-SP	3	71
AI 244.672-0-SP	3	40
AI 245.136-1-RS	3	94
AI 248.256-2-SP	3	43
AI 248.764-1-DF	3	26
AI 249.021-1-SP	3	46
AI 249.470-7-BA	4	96
AI 249.539-2-BA	8	87
AI 249.600-3-MG	3	30
AI 260.198-8-MG	4	124
AI 260.553-8-SP	4	91
AI 260.700-5-DF	4	28
AI 265.946-8-PR	4	73
AI 266.186-4-GO	4	15
AI 270.156-1-RS	5	42
AI 273.327-1-BA	4	173
AI 277.315-1-SC	4	87
AI 277.432-8-PB	4	41
AI 277.651-4-BA	4	47
AI 279.422-1-DF	4	139
AI 290.222-6-AM	5	64
AI 294.013-4-RS	5	79
AI 321.083-2-DF	5	82
AI 321.503-9-MS	5	51
AI 329.165-6-RJ	5	128
AI 333.502-4-SP	10	35
AI 341.920-9-RS	5	143

N. do Julgado	Volume	Página
AI 342.272-1-DF	5	125
AI 359.319-5-SP	5	54
AI 388.729-8-PE	6	117
AI 388.895-1-PB	6	115
AI 401.141-3-SP	10	108
AI 429.939-2-PE	7	88
AI 436.821-2-PE	7	85
AI 449.252-3-SP	7	103
AI 454.064-4-PA	10	64
AI 457.801-1-DF	8	58
AI 457.863-2-RS	8	28
AI 460.355-7-SP	7	118
AI 462.201-0-SP	7	81
AI 465.867-8-MG	8	75
AI 474.751-1-SP	8	68
AI 477.294-5-PI	7	26
AI 478.276-1-RJ	8	44
AI 498.062-2-SP	8	76
AI 500.356-5-RJ	8	44
AI 511.972-0-SP	8	85
AI 513.028-1-ES	8	69
AI 514.509-8-MG	8	26
AI 518.101-6-MG	8	75
AI 522.830-4-RJ	10	84
AI 523.628-8-PR	9	67
AI 525.295-8-BA	9	20
AI 525.434-3-MT	9	38
AI 526.389-1-SP	9	71
AI 529.694-1-RS	9	147
AI 531.237-0-RS	9	68
AI 533.705-2-DF	9	112
AI 534.587-1-SC	10	32
AI 535.068-3-SP	9	28
AI 538.917-7-AL	9	106
AI 539.419-9-MG	9	80
AI 556.247-6-SP	9	142
AI 557.195-2-RJ	10	89
AI 561.126-1-RJ	10	90

N. do Julgado	Volume	Página
AI 567.280-9-MG	10	98
AI 571.672-5-RS	10	171
AI 572.351-3-SP	10	102
AI 579.311-0-PR	10	19
AI 583.599-6-MG	10	37
AI 584.691-8-SP	10	110
AI 629.242-5-SP	11	19
AI 633.430-1-RS	11	21
AI 635.212-1-DF	11	61
AI 640.303-9-SP	11	32
AI 656.720-2-SP	11	40
AI 791.292-PE	14	69
AO 206-1-RN	7	61
AO 757-7-SC	7	110
AO 764-0-DF	7	113
AO 931-6-CE	7	108
AO 1.157-4-PI	10	118
AO 1.509-SP	17	149
AO 1.656-DF	18	126
AR 1.371-5-RS	5	135
AR 2.028-2-PE	12	108
AR-AI 134.687-GO	1	37
AR-AI 150.475-8-RJ	1	77
AR-AI 198.178-RJ	1	114
AR-AI 199.970-0-PE	3	88
AR-AI 218.323-0-SP	3	112
AR-AI 245.235-9-PE	3	113
AR-AI 437.347-3-RJ	8	43
ARE 637.607-RS	15	69
ARE 642.827-ES	15	73
ARE 646.000-MG	16	100
ARE 652.777-SP	19	141
ARE 654.432-GO	16	65
ARE 661.383-GO	16	55
ARE 664.335-SC	18	137
ARE 665.969-SP	16	66
ARE 674.103-SC	16	27
ARE 679.137-RJ	19	83

N. do Julgado	Volume	Página
ARE 709.212-DF	18	36
ARE 713.211-MG	18	70
ARE 774.137-BA	18	103
ARE 791.132-DF	18	76
ARE 808.107-PE	18	143
ARE 842.157-DF	19	173
ARE 906.491-DF	19	99
ARE no MI 5.126-DF	17	158
CC 6.968-5-DF	1	80
CC 6.970-7-DF	1	79
CC 7.040-4-PE	6	95
CC 7.043-9-RO	6	91
CC 7.053-6-RS	6	102
CC 7.074-0-CE	6	109
CC 7.079-1-CE	8	51
CC 7.091-9-PE	5	56
CC 7.116-8-SP	6	119
CC 7.118-4-BA	6	114
CC 7.134-6-RS	7	58
CC 7.149-4-PR	7	56
CC 7.165-6-ES	8	45
CC 7.171-1-SP	8	48
CC 7.201-6-AM	12	63
CC 7.204-1-MG	9	54
CC 7.242-3-MG	12	101
CC 7.295-4-AM	10	92
CC 7.376-4-RS	10	60
CC 7.456-6-RS	12	84
CC 7.484-1-MG	11	52
CC 7.500-MG	13	78
CC 7.706-SP	19	89
CR 9.897-1-EUA	6	214
ED-ED-RE 191.022-4-SP	2	96
ED-ED-RE 194.662-8-BA	7/9	40/26
ER-RE 190.384-8-GO	4	35
ED-RE 194.707-1-RO	3	86
ED-RE 348.364-1-RJ	8	22
HC 77.631-1-SC	7	183

N. do Julgado	Volume	Página
HC 80.198-6-PA	4	78
HC 81.319-4-GO	6	212
HC 84.270-4-SP	8	41
HC 85.096-1-MG	9	58
HC 85.911-9-MG	9	70
HC 85.585-5-TO	11	127
HC 87.585-TO	12	131
HC 93.930-RJ	14	121
HC 98.237-SP	14	71
HC 98.873-8-SP	13	91
HC 115.046-MG	17	46
HC 119.645-SP	17	74
IF 607-2-GO	2	115
MC em AC 1.069-1-MT	10	104
MC em ADIn 2.135-4-9-DF	11	76
MC em ADIn 2.527-9-DF	11	68
MC em ADIn 3.395-6-DF	9	98
MC em ADIn 3.540-1-DF	10	182
MC em HC 90.354-1-RJ	11	129
MC em HC 92.257-1-SP	11	135
MC em MS 24.744-4-DF	8	110
MC em MS 25.027-5-DF	8	104
MC em MS 25.498-8-DF	9	130
MC em MS 25.503-0-DF	9	116
MC em MS 25.511-1-DF	9	132
MC em MS 25.849-1-DF	9	120
MC em Rcl. 2.363-0-PA	7	74
MC em Rcl. 2.653-1-SP	8	117
MC em Rcl. 2.670-1-PR	8	114
MC em Rcl. 2.684-1-PI	8	61
MC em Rcl. 2.772-4-DF	8	99
MC em Rcl. 2.804-6-PB	8	72
MC em Rcl. 2.879-6-PA	8	65
MC em Rcl. 3.183-7-PA	9	98
MC em Rcl. 3.431-3-PA	9	102
MC em Rcl. 3.760-6-PA	9	35
MC em Rcl. 4.306-1-TO	10	96
MC em Rcl. 4.317-7-PA	10	99

N. do Julgado	Volume	Página
MC em Rcl. 4.731-8-DF	10	129
MI 20-4-DF	1	86
MI 102-2-PE	6	133
MI 347-5-SC	1	85
MI 585-9-TO	6	59
MI 615-2-DF	9	45
MI 670-7-DF	7	41
MI 670-9-ES	11/12	80/42
MI 692-0-DF	7	23
MI 708-0-DF	11/12	81/42
MI 712-8-PA	11/12	80/50
MI 758-4-DF	12	30
MI 817-5-DF	12	40
MI 943-DF	17	35
MS 21.143-1-BA	2	93
MS 22.498-3-BA	2	34
MS 23.671-0-PE	4	80
MS 23.912-3-RJ	5	197
MS 24.008-3-DF	9	91
MS 24.414-3-DF	7	107
MS 24.875-1-DF	10	133
MS 24.913-7-DF	8	78
MS 25.191-3-DF	9	90
MS 25.326-6-DF	9	118
MS 25.496-3-DF	9	124
MS 25.763-6-DF	10	154
MS 25.938-8-DF	12	97
MS 25.979-5-DF	10	146
MS 26.117-0-MS	14	24
MS 28.133-DF	13	143
MS 28.137-DF	13	53
MS 28.393-MG	17	157
MS 28.801-DF	14	83
MS 28.871-RS	14	101
MS 28.965-DF	15/19	96/28
MS 31.096-DF	16	112
MS 31.375-DF	17	153
MS 31.477-DF	19	151

N. do Julgado	Volume	Página
MS 32.753-DF	19	130
MS 32.912-DF	18	20
MS 33.456-DF	19	109
MS 33.853-DF	19	136
MSMC 21.101-DF	1	38
MCMS 24.637-5-DF	7	98
Petição 1.984-9-RS	7	177
Petição 2.793-1-MG	6	226
Petição 2.933-0-ES	7	54
Petição 5.084-SP	19	70
QO-MI 712-8-PA	11	79
RE 109.085-9-DF	3	127
RE 109.450-8-RJ	3	75
RE 109.723-0-RS	10	71
RE 113.032-6-RN	6	70
RE 117.670-9-PB	2	160
RE 118.267-9-PR	1	76
RE 126.237-1-DF	4	110
RE 131.032-4-DF	1	80
RE 134.329-0-DF	3	82
RE 141.376-0-RJ	5	93
RE 144.984-5-SC	2	111
RE 146.361-9-SP	3	76
RE 146.822-0-DF	1	52
RE 150.455-2-MS	3	104
RE 157.057-1-PE	3	81
RE 158.007-1-SP	6	188
RE 158.007-1-SP	6	188
RE 158.448-3-MG	2	164
RE 159.288-5-RJ	1	52
RE 165.304-3-MG	5	194
RE 172.293-2-RJ	2	92
RE 175.892-9-DF	4	132
RE 176.639-5-SP	1	68
RE 181.124-2-SP	2	163
RE 182.543-0-SP	1	62
RE 183.883-3-DF	3	24
RE 183.884-1-SP	3	115

N. do Julgado	Volume	Página
RE 187.229-2-PA	3	114
RE 187.955-6-SP	3	114
RE 189.960-3-SP	5	44
RE 190.384-8-GO	4	36
RE 190.844-1-SP	4	60
RE 191.022-4-SP	1	68
RE 191.068-2-SP	11	44
RE 193.579-1-SP	7	47
RE 193.943-5-PA	2	130
RE 194.151-1-SP	2	109
RE 194.662-8-BA	5/6/19	37/69/104
RE 194.952-0-MS	5	117
RE 195.533-3-RS	2	33
RE 196.517-7-PR	5	57
RE 197.807-4-RS	4	32
RE 197.911-9-PE	1	74
RE 198.092-3-SP	1	66
RE 199.142-9-SP	4	57
RE 200.589-4-PR	3	64
RE 201.572-5-RS	5	157
RE 202.063-0-PR	1	59
RE 202.146-6-RS	3	130
RE 203.271.9-RS	2	95
RE 204.126-2-SP	6	187
RE 204.193-9-RS	5	156
RE 205.160-8-RS	3	77
RE 205.170-5-RS	2	48
RE 205.701-1-SP	1	36
RE 205.815-7-RS	1	27
RE 206.048-8-RS	5	195
RE 206.220-1-MG	3	74
RE 207.374-1-SP	2	109
RE 207.858-1-SP	3	67
RE 209.174-0-ES	2	149
RE 210.029-1-RS	7	47
RE 210.069-2-PA	3	132
RE 210.638-1-SP	2	123
RE 212.118-5-SP	5	59

N. do Julgado	Volume	Página
RE 213.015-0-DF	6	134
RE 213.111-3-SP	7	47
RE 213.244-6-SP	2	40
RE 213.792-1-RS	2	98
RE 214.668-1-ES	7/10	47/75
RE 215.411-3-SP	5	30
RE 215.624-8-MG	4	106
RE 216.214-1-ES	4	142
RE 216.613-8-SP	4	52
RE 217.162-2-DF	3	125
RE 217.328-8-RS	4	50
RE 217.335-5-MG	4	43
RE 219.434-0-DF	6	19
RE 220.613-1-SP	4	31
RE 222.334-2-BA	5	25
RE 222.368-4-PE	6	124
RE 222.560-2-RS	2/6	51/32
RE 224.667-9-MG	3	38
RE 225.016-1-DF	5	113
RE 225.488-1-PR	4	33
RE 225.872-5-SP	8	33
RE 226.204-6-DF	6	30
RE 226.855-7-RS	4	17
RE 227.410-9-SP	4	13
RE 227.899-8-MG	2	17
RE 228.035-7-SC	7	122
RE 230.055-1-MS	3	59
RE 231.466-5-SC	6	54
RE 232.787-0-MA	3	79
RE 233.664-9-DF	5	40
RE 233.906-2-RS	9	86
RE 234.009-4-AM	3	110
RE 234.068-1-DF	8	109
RE 234.186-3-SP	5	23
RE 234.431-8-SC	10	68
RE 234.535-9-RS	5	60
RE 235.623-8-ES	9	75
RE 235.643-9-PA	4	36

N. do Julgado	Volume	Página
RE 236.449-1-RS	3	131
RE 237.965-3-SP	4	34
RE 238.737-4-SP	2	44
RE 239.457-5-SP	6	22
RE 240.627-8-SP	3	53
RE 241.372-3-SC	5	142
RE 243.415-9-RS	4	178
RE 244.527-4-SP	3	129
RE 245.019-7-ES	3	65
RE 247.656-1-PR	5	29
RE 248.278-1-SC	10	151
RE 248.282-0-SC	5	123
RE 248.857-7-SP	6	167
RE 249.740-1-AM	3	75
RE 252.191-4-MG	5	158
RE 254.518-0-RS	4	171
RE 254.871-5-PR	5	29
RE 256.707-8-RJ	9	53
RE 257.063-0-RS	5	152
RE 257.836-3-MG	6	82
RE 259.713-9-PB	5	120
RE 260.168-3-DF	4	179
RE 261.344-4-DF	6	194
RE 263.381-0-ES	6	25
RE 264.299-1-RN	4	100
RE 264.434-MG	14	22
RE 265.129-0-RS	4	37
RE 273.347-4-RJ	4	46
RE 275.840-0-RS	5	122
RE 278.946-1-RJ	8	19
RE 281.297-8-DF	5	26
RE 284.627-9-SP	6	18
RE 284.753-6-PA	6	183
RE 287.024-2-RS	8	35
RE 287.925-8-RS	8	20
RE 289.090-1-SP	5	44
RE 291.822-9-RS	10/15	76/53
RE 291.876-8-RJ	5	155

N. do Julgado	Volume	Página
RE 292.160-2-RJ	5	77
RE 293.231-1-RS	5	78
RE 293.287-6-SP	6	85
RE 293.932-3-RJ	5	86
RE 299.075-5-SP	5	130
RE 305.513-9-DF	6	83
RE 308.107-1-SP	5	147
RE 311.025-0-SP	6	181
RE 318.106-8-RN	9	78
RE 329.336-2-SP	6	17
RE 330.834-3-MA	6	177
RE 333.236-8-RS	6	145
RE 333.697-5-CE	6	20
RE 340.005-3-DF	6	112
RE 340.431-8-ES	6	53
RE 341.857-2-RS	6	192
RE 343.183-8-ES	6	178
RE 343.144-7-RN	6	176
RE 344.450-6-DF	9	109
RE 345.874-4-DF	6	158
RE 347.946-6-RJ	6	198
RE 349.160-1-BA	7	87
RE 349.703-RS	12	131
RE 350.822-9-SC	7	131
RE 351.142-4-RN	9	81
RE 353.106-9-SP	6	67
RE 356.711-0-PR	9	62
RE 362.483-1-ES	8	17
RE 363.852-1-MG	9	146
RE 368.492-2-RS	7	134
RE 369.779-0-ES	7	17
RE 369.968-7-SP	8	39
RE 370.834-MS	15	63
RE 371.866-5-MG	9	40
RE 372.436-3-SP	7	188
RE 378.569-9-SC	7	126
RE 381.367-RS	14/15	111/93
RE 382.994-7-MG	9	18

N. do Julgado	Volume	Página
RE 383.074-1-RJ	8	164
RE 383.472-0-MG	7	39
RE 387.259-1-MG	7	57
RE 387.389-0-RS	7	71
RE 390.881-2-RS	7	136
RE 392.303-8-SP	6	26
RE 392.976-3-MG	8	85
RE 394.943-8-SP	9	55
RE 395.323-4-MG	6	38
RE 396.092-0-PR	7	28
RE 398.041-0-PA	10	40
RE 398.284-2-RJ	12	19
RE 403.832-3-MG	7	56
RE 405.031-5-AL	12	91
RE 414.426-SC	15	21
RE 415.563-0-SP	9	151
RE 419.327-2-PR	9	43
RE 420.839-DF (AgR)	16	97
RE 428.154-PR	19	84
RE 430.145-8-RS	10	136
RE 439.035-3-ES	12	17
RE 441.063-0-SC	9	60
RE 444.361-9-MG	9	56
RE 445.421-1-PE	10	167
RE 449.420-5-PR	9	192
RE 451.859-7-RN	11	73
RE 459.510-MT	13/19	81/101
RE 464.971-MG	15	81
RE 466.343-1-SP	11/12	134/131
RE 477.554-MG	15	98
RE 478.410-SP	14	116
RE 485.913-3-PB	10	131
RE 503.415-5-SP	11	60
RE 505.816-6-SP	11	37
RE 507.351-3-GO	11	58
RE 519.968-1-RS	11	29
RE 545.733-8-SP	11	17
RE 548.272-3-PE	11	119

N. do Julgado	Volume	Página
RE 553.159-DF	13	31
RE 555.271-3-AM	11	121
RE 556.664-1-RS	12	87
RE 563.965-RN	13	140
RE 569.056-3-PA	12	81
RE 569.815-7-SP	11	55
RE 570.177-8-MG	12	28
RE 570.908-RN	13	139
RE 572.052-RN	13	151
RE 578.543-MT	13/17	99/134
RE 579.648-5-MG	12	58
RE 583.050-RS	17	95
RE 586.453-SE	17	95
RE 590.415-SC	19	64
RE 593.068-SC	19	167
RE 595.315-RJ	16	110
RE 595.326-PE	15	88
RE 595.838-SP	18	29
RE 596.478-RR	16	24
RE 597.368-RE	13/17	99/134
RE 598.998-PI	17	41
RE 600.091-MG	13/15	77/59
RE 603.191-MT	15	90
RE 603.583-RS	15	105
RE 606.003-RS	16	81
RE 607.520-MG	15	62
RE 609.381-GO	18	133
RE 627.294-PE	16	107
RE 629.053-SP	15/16	17/28
RE 630.137-RS	14	114
RE 630.501-RS	17	160
RE 631.240-MG	18	141
RE 632.853-CE	19	113
RE 634.093-DF	15	19
RE 635.023-DF	15	21
RE 635.739-AL	18	115
RE 636.553-RS	15	79
RE 638.483-PB	15	60

N. do Julgado	Volume	Página
RE 643.978-DF	19	67
RE 650.898-RS	15	71
RE 652.229-DF	15	75
RE 656.860-MT	18	139
RE 657.989-RS	16	98
RE 658.312-SC	18	37
RE 661.256-SC	15	93
RE 666.256-SC	18	145
RE 675.978-SP	19	137
RE 724.347-DF	19	137
RE 778.889-PE	18	53
RE 788.838-RS	18	105
RE 795.467-SP	18	19
RE 816.830-SC	19	40
RE 852.796-RS	19	169
RE 898.450-SP	19	138
RE (Edu) 146.942-1-SP	6	108
RCL. 743-3-ES	8	72
RCL. 1.728-1-DF	5	118
RCL. 1.786-8-SP	5	72
RCL. 1.979-9-RN	6	148
RCL. 2.135-1-CE	9	65
RCL. 2.155-6-RJ	6/8	148/71
RCL. 2.267-6-MA	8	67
RCL. 3.322-8-PB	9	111
RCL. 3.900-5-MG	9	126
RCL. 4.012-7-MT	11	114
RCL. 4.303-7-SP	10	69
RCL. 4.351-PE	19	100
RCL. 4.464-GO	12	78
RCL. 4.489-1-PA	13	129
RCL. 5.381-4-AM	12	65
RCL. 5.381-ED-AM	12/13	109/131
RCL. 5.155-PB	13	29
RCL. 5.543-AgR-GO	13	35
RCL 5.679-SC	18	118
RCL. 5.698-8-SP	12	35
RCL. 5.758-SP	13	133

N. do Julgado	Volume	Página
RCL. 5.798-DF	12	54
RCL. 6.568-SP	12/13	68/63
RCL. 7.342-9-PA	12	87
RCL. 7.901-AM	14	41
RCL. 8.341-PB	15	86
RCL. 8.388-PE	13	19
RCL. 8.949-SP	13	154
RCL. 10.132-PR	18	70
RCL. 10.160-RN	18	89
RCL. 10.164-SP	14	17
RCL. 10.243-SP	14	56
RCL 10.411-SP	17	99
RCL. 10.466-GO	14	33
RCL. 10.580-DF	14	60
RCL. 10.634-SE	17	65
RCL. 10.776-PR	14	76
RCL. 10.798-RJ	14	51
RCL. 11.218-PR	16	118
RCL. 11.366-MG	15	47
RCL 11.920-SP	18	130
RCL. 11.954-RJ	16	39
RCL. 13.132-RN	16	90
RCL. 13.189-SP	16	19
RCL. 13.348-SP	17	19
RCL. 13.403-MG	16	45
RCL. 13.410-SC	16	83
RCL. 13.477-SP	17	24
RCL. 13.714-AC	18	108
RCL. 14.671-RS	16	50
RCL. 14.996-MG	17	68
RCL. 15.024-RN	18	69
RCL. 15.106-MG	17	68
RCL. 15.342-PR	17	68
RCL. 15.644-MS	17	48
RCL. 15.820-RO	17	86
RCL. 16.535-RJ	17	87
RCL. 16.637-SP	18	55
RCL. 16.868-GO	17	85

N. do Julgado	Volume	Página
RCL. 17.188-ES	18	81
RCL. 17.915-DF	19	122
RCL. 18.506-SP	18	84
RCL. 19.551-DF	19	123
RCL. 19.856-PR	19	114
RCL. 21.008-MG	19	153
RCL. 21.191-RS	19	74
RCL. 22.012-RS	19	48
RHC 81.859-5-MG	6	121
RMS 2.178-DF	1	72
RMS 23.566-1-DF	6	41
RMS 21.053-SP	14	49
RMS (EdAgR) 24.257-8-DF	6	211
RMS 28.546-DF	16	30
RMS 28.208-DF	18	123
RMS 32.732-DF	18	115
RO-MS 23.040-9-DF	3	103
RO-MS 24.309-4-DF	7	45
RO-MS 24.347-7-DF	7	105
SEC 5.778-0-EUA	9	156
SL 706-BA	17	81
SS 1.983-0-PE	7	94
SS 4.318-SP	14	100
SÚMULAS DO STF	7	143
SÚMULAS VINCULANTES DO STF	12/18	135/149
TST-RE-AG-AI-RR 251.899/96.7	1	111
TST-RE-AG-E-RR 144.583/94.4	2	50
TST-RE-AG-E-RR 155.923/95.9	1	92
TST-RE-AG-E-RR 286.778/96.5	1	25
TST-RE-AG-RC 343.848/97.8	2	112
TST-RE-AI-RR 242.595/96.2	1	106
TST-RE-AI-RR 242.708/96.5	2	137
TST-RE-AI-RR 286.743/96.7	1	56
TST-RE-AI-RR 299.174/96.7	1	104
TST-RE-AI-RR 305.874/96.8	1	24
TST-RE-AR 210.413/95.3	2	69
TST-RE-AR 278.567/96.5	1	33
TST-RE-ED-AI-RR 272.401/96.3	2	52

N. do Julgado	Volume	Página
TST-RE-ED-E-RR 81.445/93.0	2	155
TST-RE-ED-E-RR 117.453/94.7	1	95
TST-RE-ED-E-RR 140.458/94.8	2	71
TST-RE-ED-E-RR 651.200/00.9	6	35
TST-RE-ED-RO-AR 331.971/96.9	4	102
TST-RE-ED-RO-AR 396.114/97.7	4	122
TST-RE-ED-RO-AR 501.336/98.0	6	164
TST-RE-ED-RO-AR 671.550/2000.2	7	51
TST-RE-E-RR 118.023/94.4	2	153
TST.RE.E.RR 411.239/97.8	7	43
TST-RE-RMA 633.706/2000.6	4	84
TST-RE-RO-AA 385.141/97.6	2	74
TST-RE-RO-AR 209.240/95.6	1	97
TST-RE-RO-DC 284.833/96.1	1	69

ÍNDICE DOS MINISTROS DO STF
PROLATORES DOS JULGADOS CITADOS

VOLUMES 1 A 19

(O primeiro número [em negrito] corresponde ao volume,
e os demais corrrespondem às páginas iniciais dos julgados)

AYRES BRITTO 7/23; **8**/54; **9**/30, 35, 53, 78, 102; **10**/23, 39, 89, 99, 102, 131; **11**/29, 37; **12**/65, 11, 131; **13**/ 29, 78, 131; **14**/26, 70; **15**/93 **16**/57; **17**/107

CARLOS VELLOSO 1/27, 62, 66, 79, 102; **2**/17, 19, 101; **3**/39, 59, 125; **5**/26, 86, 152, 156; **6**/30, 32, 54, 83, 91, 117, 121, 158, 167, 171, 176, 178, 192, 226; **7**/17, 48, 54, 67, 109, 118, 122, 134, 136; **8**/103, 104, 110, 114; **9**/ 79, 120, 122, 126, 151; **10**/154; **14**/49

CÁRMEN LÚCIA 10/129; **11**/21, 32, 40, 61, 63, 135; **12**/58, 68, 78, 97; **13**/19, 98, 129, 133, 139, 140, 154; **14**/22, 33, 41; **15**/37, 65; **16**/112; **17**/29, 68, 85, 86, 153; **18**/88, 126; **19**/38, 74, 137

CÉLIO BORJA 1/37

CELSO DE MELLO 1/19, 38, 50, 86; **2**/60, 109, 115; **3**/36, 86; **4**/15, 146; **5**/15, 39, 70, 164, 170, 187, 192; **6**/26, 95, 102, 124, 145, 162, 183, 200, 212; **7**/19, 53, 66, 89, 116, 183, 188; **8**/39, 43, 61, 78; **9**/25, 40, 45, 68, 75, 112, 132, 156; **10**/64, 76, 90, 92, 140, 159, 171, 182, 186; **11**/83; **12**/89; **13**/91, 132; **14**/71, 83; **15**/19, 21, 98; **16**/90; **17**/113; **18**/55, 84, 115; **19**/___

CEZAR PELUSO 7/106; **8**/35, 58, 68, 99, 117, 121; **9**/19, 43, 56, 63, 83, 116; **10**/71, 95, 115, 136, 167; **11**/35, 55, 121, 129, 134; **12**/131; **13**/81; **14**/100; **15**/60, 69, 73; **17**/95

DIAS TOFFOLI 13/77; **14**/101; **15**/55, 59, 62; **16**/24, 39, 45, 77, 97; **17**/90, 99; **18**/29, 37, 67, 81, 99, 127; **19**/ 39, 48, 89, 100, 101, 130, 136, 151, 169, 173

ELLEN GRACIE 5/117, 157, 197; **6**/17, 18, 38, 119, 157, 170, 187, 211; **7**/57, 88, 108, 176; **8**/16, 19, 20, 88, 91, 121; **9**/53, 65, 78, 81, 90, 109; **10**/104, 151, 163; **11**/68, 76; **12**/26, 50, 54, 101; **13**/87, 99; **14**/76; **15**/21, 86, 90; **17**/134, 160

EROS ROBERTO GRAU 8/26, 45, 48; **9**/55, 60, 110, 111, 124; **10**/59, 143, 154; **11**/57, 58, 73, 79, 80, 123; **12**/101; **13**/63, 70; **14**/24, 116

GILMAR MENDES 6/148; **7**/58, 74, 120, 131; **8**/41, 65, 69, 71; **9**/26, 92, 147; **10**/98, 108, 118; **11**/19, 52, 80, 81, 101, 129; **12**/14, 42, 87, 107; **13**/31; **14**/17, 38, 51, 69, 121; **15**/45, 75, 79, 96; **16**/63, 118; **17**/19, 35, 58; **18**/36, 70, 83, 115, 118; **19**/ 19, 28, 98, 113, 123

ILMAR GALVÃO 1/46, 60, 68, 76, 77; **2**/31, 34, 90; **3**/29; **4**/31, 37, 49, 59, 148, 175; **5**/29, 127, 142; **6**/20, 53, 60, 112, 160, 177, 181, 196, 198; **7**/22, 137

JOAQUIM BARBOSA 7/57; **8**/44, 51, 72, 85; **9**/17, 98, 130, 142; **10**/32, 35, 40, 75, 103, 151; **11**/44, 65; **12**/21; **13**/67, 143; **14**/114; **15**/35, 83; **16**/99, 110

LUÍS ROBERTO BARROSO 17/43, 65; **18**/34, 53, 141, 145; **19**/64, 84, 114, 137, 167

LUIZ FUX 16/27, 66, 107; **17**/48, 74, 87, 107, 157, 158; **18**/20, 69, 70, 95, 123, 137; **19**/42, 46, 72, 85, 138, 156

MARCO AURÉLIO 1/115; **2**/15, 23, 36, 40, 45, 48, 51, 64, 79, 81, 86, 92, 93, 96, 102, 106, 111, 125, 132, 139, 150, 164; **3**/15, 20, 26, 30, 35, 38, 40, 43, 46, 50, 56, 67, 71, 74, 81, 90, 94, 104, 105, 107, 110, 112, 114, 121, 125; **4**/28, 69, 74, 80, 87, 91, 96, 100, 106, 124, 129, 136, 139, 167, 173; **5**/37, 44, 51, 58, 59, 60, 64, 79, 82, 95, 122, 123, 143; **6**/69, 108, 133, 214; **7**/28, 40, 45, 71, 80, 94, 103, 113, 177; **8**/28, 44, 72, 76, 155, 164; **9**/18, 67, 70, 71, 118, 146; **10**/36, 69, 84; **11**/17, 60, 114, 119, 127; **12**/30, 91, 131; **13**/ 53, 83; **14**/111; **15**/17, 47, 53, 63, 71, 81, 88, 93, 105; **16**/28, 30, 81, 98, 100; **17**/53, 129, 160; **18**/108; **19**/70, 83, 91, 104, 109, 128, 153

MAURÍCIO CORRÊA 1/36; **2**/120; **3**/53, 63, 131, 132; **4**/43, 78, 109, 179; **5**/25, 72, 76, 78, 158; **6**/22, 67, 82, 114, 148, 197; **7**/34, 39, 41, 69, 90, 105, 126, 174, 181; **9**/154

MENEZES DIREITO 12/19, 81, 84

MOREIRA ALVES 2/32, 34, 123, 163; 3/64, 76, 113; 4/13, 17, 18, 19, 33, 34, 108; 5/35, 125, 130, 153; 6/19, 25, 41, 49

NELSON JOBIM 4/51, 52, 58, 60, 163; 5/40, 58, 195; 7/60, 61, 93, 128; 8/22, 67, 92; 9/94; 10/139

NÉRI DA SILVEIRA 1/17, 41, 85; 2/55, 109, 130, 160; 3/24, 79, 82, 103, 117, 127; 4/47, 72, 85, 132; 5/30, 44, 47, 93, 118, 135, 147, 163; 6/70, 86, 134, 189

OCTAVIO GALLOTTI 1/59, 74; 2/33, 77, 95, 98; 3/130; 4/32, 35, 50, 105; 5/194; 11/49

PAULO BROSSARD 1/52

RICARDO LEWANDOWSKI 10/96, 141; 11/23, 103; 12/28, 35, 63, 115; 13/33, 59, 151; 14/56, 75; 15/83; 16/50, 65, 83; 17/24, 38, 41, 46, 81, 90, 149; 18/31, 89, 105; 19/123

ROSA WEBER 16/34, 17/95

SEPÚLVEDA PERTENCE 1/72, 80; 2/24, 124, 149, 165; 3/13, 18, 66, 75, 101, 114, 115; 4/36, 46, 71, 110, 165, 170, 177; 5/23, 54, 77, 120; 6/59, 109, 115, 194; 7/26, 56, 85, 87, 98, 182; 8/33, 75, 85, 87, 109; 9/20, 28, 38, 58, 75, 88, 91, 105, 106, 137; 10/19, 60, 68, 110, 133, 146

SYDNEY SANCHES 1/40, 100; 3/75, 77, 88, 129; 4/44, 142, 171; 5/42, 56, 113, 128; 7/46, 132, 139

TEORI ZAVASCKI 16/55; 17/134, 137; 18/19, 76, 103, 130, 133, 139, 143; 19/66, 67, 99, 121, 141

ÍNDICE TEMÁTICO

VOLUMES 1 A 19
(O primeiro número corresponde ao volume, e o segundo,
à página inicial do julgado)

Abandono de emprego, 16/30

Abono
De permanência, 19/109
Salarial, 19/19

Ação civil pública, 3/74, 7/43, 8/65, 9/95

Ação coletiva. Órgão de jurisdição nacional, 6/41

Ação de cumprimento
Competência da Justiça do Trabalho. Contribuições, 1/79
Incompetência da Justiça do Trabalho. Litígio entre sindicato e empresa, anterior à Lei n. 8.984/95, 1/80

Ação penal, 18/123

Ação rescisória
Ação de cumprimento de sentença normativa, 7/51
Autenticação de peças, 9/38
Indeferimento de liminar para suspender execução, 4/69
Medida cautelar. Planos econômicos, 3/90
URP. Descabimento, 5/51

Acesso à Justiça
Celeridade, 9/45
Gratuidade, 10/89
Presunção de miserabilidade, 2/101

Acidente do trabalho
Competência, 7/56, 8/39, 9/40, 9/53, 9/55, 13/77, 15/59, 15/60
Responsabilidade do empregador, 6/187
Rurícola, 6/188
Seguro, 7/131

Acórdão, 14/69

Adicional de insalubridade
Aposentadoria. Tempo de serviço, 7/134, 11/17
Base de cálculo, 2/15, 3/13, 7/17, 10/19, 11/17, 12/17, 13/19, 14/17, 16/19, 17/19
Caracterização, 6/17
Vinculação ou não ao salário mínimo, 4/13, 6/18, 7/17, 12/17, 17/24

211

Adicional de periculosidade
Base de cálculo, 17/38
Eletricitário, 17/38
Fixação do *quantum*. Inexistência de matéria constitucional, 3/15
Percepção. Inexistência de matéria constitucional, 4/15
ADIn
Agências reguladoras. Pessoal celetista, 5/95
Aprovação em concurso público, 9/76
Ascensão funcional, 9/79
Associação. Ilegitimidade ativa, 5/163, 9/25
Auxílio-doença, 9/17
Comissão de Conciliação Prévia, 11/49
Confederação. Legitimidade, 3/35 5/163
Conselho Nacional de Justiça, 9/83
Conselho Superior do Ministério Público, 9/88
Depósito prévio. INSS, 11/123
Dissídio coletivo, 11/35
Efeito vinculante, 8/61
Emenda Constitucional, 4/163, 4/164, 9/83
Entidade de 3º grau. Comprovação, 6/49
Estatuto da Advocacia, 9/154
Federação. Legitimidade, 3/36
Férias coletivas, 9/93
Ilegitimidade, 19/85
Licença-maternidade. Valor, 7/132
Normas coletivas. Lei Estadual, 10/59
Omissão legislativa, 5/170
Parcela autônoma de equivalência, 5/187
Perda de objeto, 7/41
Precatórios, 11/63
Propositura, 3/35
Provimento n. 5/99 da CGJT. Juiz classista. Retroatividade, EC n. 24/99, 7/93
Reedição. Aditamento à inicial, 3/125
Recuperação de empresas, 11/23
Recurso administrativo, 11/65
Salário mínimo. Omissão parcial. Valor, 7/19
Servidor público, 9/94, 11/73
Sindicato, 19/85
Superveniência de novo texto constitucional, 4/167
Trabalho temporário, 9/111, 11/114
Transcendência, 11/67

Adolescente. Trabalho educativo, 2/21

ADPF, 8/155

Advocacia/Advogado, 7/174
Dativo, 15/62
Direito de defesa, 14/71
Estatuto da, 9/154
Revista pessoal, 8/41
Sustentação oral, 14/75

Agente fiscal de renda, 14/100

Agravo de Instrumento
Autenticação, 3/71, 8/43
Formação, 2/102, 8/43
Inviabilidade de recurso extraordinário, 5/54
Petição apócrifa, 8/42

Agravo Regimental, 7/53

Anencefalia, 8/155

Antecipação de tutela. Competência, 7/54

Aposentadoria, 1/46
Adicional de insalubridade, 7/134
Aluno-aprendiz, 19/151
Anulação, 15/79
Aposentadoria complementar, 19/89
Aposentadoria especial, 19/153
Aposentadoria voluntária, 8/114, 10/23, 13/154
Auxílio-alimentação, 3/130, 5/143, 6/192
Complementação, 10/98, 11/52, 12/109, 13/78, 16/118
Congressistas, 16/112
Continuidade da relação de emprego, 2/31, 7/22, 9/137, 9/142
Contribuição para caixa de assistência, 15/81
Contribuição previdenciária, 15/86
Desaposentação, 14/111, 18/145
Décimo terceiro salário, 19/62
Dispensa, 19/64
Empregado público, 18/118
Especial, 18/137
Estágio probatório, 8/110
Férias, 6/194
Férias não gozadas. Indenização indevida, 3/127
Férias proporcionais, 8/109

Funrural, 9/146
Gratificação de Natal, 5/135, 16/112
Inativos, 8/121
Invalidez, 18/139
Isonomia, 14/33
Juiz classista, 2/34, 6/196, 7/137
Magistrado, 9/90, 9/91
Notário, 12/1
Por idade, 15/83
Proventos, 5/142, 16/107
Servidor de Embaixada do Brasil no exterior, 10/167
Tempo de serviço. Arredondamento, 6/197
Trabalhador rural, 2/33, 7/136, 9/146, 9/147
Uso de EPI, 18/137
Vale-alimentação, 5/143
Verbas rescisórias, 13/29
V. Benefícios previdenciários
V. Previdência social

Aprendiz, 19/28, 151

Arbitragem, 4/169

Artista, 17/29

Assinatura digitalizada, 6/211, 10/90

Assistência social, 5/147

Associação. Liberdade, 7/182, 15/53

Autenticação de peças, 2/104, 4/91

Auxílio-doença, 9/17

Aviso-prévio, 17/35

Avulso
  Competência, 9/43
  Contribuição previdenciária, 19/169
  Horas extras, 19/74
  Reintegração, 2/36

Benefícios previdenciários
  Concessão via judicial, 18/141
  Conversão, 5/152
  Correção, 5/155
  Mais vantajosos, 17/160
  Marido. Igualdade, 5/156

Reajuste, 18/143
Vinculação ao salário mínimo, 6/198
V. Aposentadoria e contrato de trabalho
V. Previdência social

Biossegurança, 12/121

Camelôs, 13/70

Cartórios
Adicional por tempo de serviço, 9/75
Aposentadoria, 12/107
Concurso público, 9/75

Células-tronco, 12/121

Certidão Negativa de Débito Trabalhista, 16/77

CIPA
Suplente. Estabilidade, 2/40, 11/19

Comissão de Conciliação Prévia, 13/83

Competência
Ação civil pública. Meio ambiente do trabalho, 3/74
Ação civil pública. Servidor público, 9/95
Acidente do trabalho, 7/56, 9/40, 9/53, 9/55, 11/57, 15/59, 15/60
Advogado dativo, 15/62
Aposentadoria, 12/107, 12/109, 19/89
Avulso, 9/56
Complementação de aposentadoria, 10/98, 11/52
Contribuição sindical rural, 11/55
Contribuição social, 11/29
Contribuições previdenciárias, 15/86
Danos morais e materiais, 7/57, 9/53, 9/55, 9/56
Demissão, 9/105
Descontos indevidos, 3/75
Descontos previdenciários, 3/75, 5/57
Direitos trabalhistas. Doença profissional, 6/102
Duplicidade de ações, 8/48
Empregado público federal, 7/58
Falência, 6/119
Gatilho salarial. Servidor celetista, 6/108
Greve, 17/81
Greve de servidor público, 9/110, 13/63, 16/65
Greve. Fundação pública, 11/37
Habeas corpus, 6/121, 9/58

Indenização por acidente de trabalho, 5/58
Juiz de Direito investido de jurisdição trabalhista, 6/109, 8/51
Justiça do Trabalho, 2/108, 3/74, 4/71, 10/60, 10/98, 13/77, 19/99, 101
Justiça Estadual comum. Servidor estadual estatutário, 3/79, 13/63, 19/91, 100
Justiça Federal, 5/56, 19/89
Legislativa. Direito do Trabalho, 3/81
Matéria trabalhista, 7/56
Mudança de regime, 6/112
Penalidades administrativas, 11/57
Pré-contratação, 18/103
Previdência complementar, 17/95
Relação jurídica regida pela CLT, 5/59
Representante comercial, 16/81
Residual, 5/56, 6/91
Revisão de enquadramento, 6/114
Segurança, higiene e saúde do trabalhador, 9/71
Sentença estrangeira, 9/156
Servidor com regime especial, 12/63
Servidor estadual celetista, 3/76, 4/71, 8/45
Servidor público. Emenda n. 45/2004, 9/94, 10/95
Servidor público federal. Anterioridade à Lei n. 8112/90, 4/72
Servidor temporário. Incompetência, 3/76, 11/114, 13/129, 16/100
Trabalho do menor, 19/91
Trabalho forçado, 19/101
TST e Juiz estadual, 10/92

Concurso público
Aprovação. Direito à nomeação, 9/78
Ascensão funcional, 9/79
Banca examinadora, 19/113
Cartório, 9/75
Cláusula de barreira, 18/115
Direito à convocação, 3/103
Edital, 9/78
Emprego público, 4/129
Escolaridade, 8/85
Exigência de altura mínima, 3/104, 5/117
Inexistência. Reconhecimento de vínculo, 3/104
Investidura em serviço público, 4/131
Isonomia, 9/81
Limite de idade, 3/107, 9/80
Necessidade para professor titular, 3/110

Poder Judiciário. Não interferência, 19/113
Portador de deficiência, 18/115
Preterição, 5/118
Professor, 18/127
Sistema "S", 16/55
Sociedade de economia mista. Acumulação de cargo público, 5/93
Suspensão indeferida, 7/94
Triênio, 9/116, 9/118, 9/122, 9/124, 9/126, 9/130, 9/132
V. Servidor público

Conselho Nacional de Justiça, 9/83, 14/83

Conselho Nacional do Ministério Público, 9/88, 14/101

Conselhos profissionais
Exigência de concurso público, 18/20
Ilegitimidade para propositura de ADC, 18/95
Ilegitimidade para propositura de ADPF, 18/99
Regime de contratação, 19/38
SENAR, 19/40

Contadores, 15/53

Contribuição fiscal, 4/73

Contribuição social, 5/158, 6/200, 11/29, 11/119

Contribuições para sindicatos
V. Receita sindical

Contribuições previdenciárias, 4/73, 12/81, 14/114, 15/86, 15/88, 15/89, 16/110, 19/167, 169

Convenção n. 158/OIT, 1/31, 2/59, 5/15, 7/34, 8/17, 19/42
V. Tratados internacionais

Cooperativas de trabalho, 11/29, 13/67, 16/34, 16/110, 18/29

Copa. Lei Geral, 18/31

Crédito previdenciário, 11/121

Crime de desobediência, 9/70

CTPS, anotação, 19/70

Dano moral, 2/44, 4/33
Acidente do trabalho, 9/53, 15/59
Base de cálculo, 9/18, 9/23, 11/19
Competência. Justa causa, 9/53
Competência Justiça do Trabalho, 9/53

Competência. Justiça Estadual, 9/55
Fixação do *quantum*, 10/32, 11/21
Indenização. Descabimento, 3/20

Débitos trabalhistas, 19/48

Décimo terceiro salário, 19/62

Declaração de inconstitucionalidade
Efeitos, 12/86
Reserva de plenário, 13/87, 15/47

Deficiente
V. Portador de necessidades especiais

Depositário infiel, 4/77, 6/212, 11/29, 12/131, 13/91

Depósito prévio. Débito com INSS, 11/65

Desaposentação, 14/111, 15/93

Detetive particular
Anotação na CTPS. Mandado de injunção. Descabimento, 7/23

Direito à saúde, 14/114

Direito à vida, 5/192

Direito processual, 2/99, 3/69, 4/67, 5/49, 6/89, 7/49, 8/37, 9/33, 10/87, 11/47, 12/61, 13/75, 14/67, 15/57, 16/75, 17/93, 18/93, 19/87
Celeridade, 9/45
Prescrição. Períodos descontínuos, 3/88
Rescisória. Medida cautelar. Planos econômicos, 3/90

Direitos coletivos, 1/47, 2/67, 3/33, 4/39, 5/33, 6/39, 7/37, 8/31, 9/23, 10/57, 11/27, 12/33, 13/61, 14/47, 15/51, 16/61, 17/79, 18/79, 19/81
Confederação. Desmembramento, 4/49
Direito de associação, 15/51
Desmembramento de sindicato. Alcance do art. 8º, II, da CR/88, 3/64, 15/53
Desmembramento de sindicato. Condições, 3/65
Federação. Desmembramento, 4/50
Liberdade sindical, 1/49, 3/64, 4/49
Registro sindical, 1/49, 6/82
Sindicato. Desmembramento, 4/51, 15/53
Sindicato e associação. Unicidade sindical, 3/67
Superposição, 4/57
Unicidade sindical, 1,52, 2/92, 3/67

Direitos individuais, 1/15, 2/13, 3/11, 4/11, 5/13, 6/15, 7/15, 8/15, 9/15, 10/17, 11/15, 12/15, 13/17, 14/15, 15/15, 16/17, 17/17, 18/17, 19/17

Dirigente sindical
Dirigentes de sindicatos de trabalhadores. Garantia de emprego, 4/41, 10/64
Estabilidade. Sindicato patronal, 4/43
Estabilidade sindical. Registro no MTE, 10/68
Garantia de emprego. Comunicação ao empregador, 3/38
Limitação de número, 3/38
Membro de Conselho Fiscal. Estabilidade, 7/26

Discriminação, 7/176

Dispensa, 14/22

Dissídio coletivo
Ação de cumprimento, 19/84
Autonomia privada coletiva. Representatividade, 4/44
Convenção coletiva. Política salarial, 7/40, 9/26
"De comum acordo", 11/35, 19/83
Desnecessidade de negociação. *Quorum*, 3/43
Dissídio coletivo de natureza jurídica. Admissibilidade, 3/40
Entidade de 3º grau. Necessidade de comprovação de possuir legitimidade para propositura de ADIn, 6/49
Extinção, 19/84
Legitimidade do Ministério Público, 3/46
Negociação coletiva. Reposição do poder aquisitivo, 6/69, 9/26
Negociação prévia. Indispensabilidade, 4/46
Policial civil, 13/63
Quorum real, 4/47

Dívida de jogo, 6/214

Embargos de declaração
Erro de julgamento, 19/104
Prequestionamento. Honorários, 3/86

Emenda Constitucional n. 45/2004, 9/43, 9/45, 9/53, 9/58, 9/83, 9/88, 9/93, 9/94, 9/98, 9/102, 9/116, 9/120, 9/122, 9/124, 9/126, 9/130, 9/132, 9/156, 10/60, 10/95, 10/115, 11/35, 11/37, 11/57, 11/127, 12/47, 12/67, 12/81, 12/84, 12/117, 12/131

Engenheiro
Inexistência de acumulação, 6/19
Piso salarial, 6/20, 17/48

Empregado público, 19/114

Entidade de classe. Legitimidade, 9/33

Estabilidade
Alcance da Convenção n. 158/OIT. Decisão em liminar, 1/31, 2/59, 5/15
Cargo de confiança. Art. 41, § 1º, da CR/88, e 19, do ADCT, 1/37, 6/54
Dirigente de associação, 6/53
Extinção do regime, 5/25
Gestante, 4/28, 6/26, 8/19, 10/35, 15/17, 16/27, 16/28, 16/97
Membro de Conselho Fiscal de Sindicato, 7/26
Servidor de sociedade de economia mista. Art. 173, I, da CR/88, 1/37, 3/113, 10/35
Servidor não concursado, 10/37
Servidor público, 3/112, 7/126, 15/75
Suplente de CIPA. Art. 10, II, *a*, do ADCT, 1/32, 2/40, 3/18, 11/19

Estagiário, 2/137

Exame de Ordem, 15/105

Exceção de suspeição, 7/61

Execução
Custas executivas, 3/82
Execução. Cédula industrial. Penhora. Despacho em RE, 1/104, 2/111
Impenhorabilidade de bens da ECT. Necessidade de precatório. Despachos em recursos extraordinários, 1/106, 4/87, 5/60, 6/115, 7/60
Ofensa indireta à Constituição. Descabimento de recurso extraordinário, 6/117, 8/76
Prazo para embargos de ente público, 13/133, 16/90
Prescrição, 14/76

Falência
Crédito previdenciário, 11/21
Execução trabalhista. Competência do TRF, 6/119

Falta grave
Estabilidade. Opção pelo FGTS. Desnecessidade de apuração de falta greve para a dispensa, 3/24
Garantia de emprego. Necessidade de apuração de falta grave, 3/26

Fax
Recurso por *fax*, 1/114

Fazenda Pública, 11/61

Férias, 6/22, 9/93

FGTS
    Atualização de contas, 7/28, 18/34
    Contrato nulo, 16/24, 19/66
    Contribuição de 10%, 17/43
    Correção monetária. Planos econômicos, 4/17
    Legitimidade, 19/66
    Prescrição, 18/36

Fiador, 9/151

Gestante
    Controle por prazo determinado, 8/20, 16/27
    Desconhecimento do estado pelo empregador, 16/27
    Estabilidade, 15/17, 16/27
    V. Licença-maternidade

Gratificação
    de desempenho, 13/151
    de produtividade, 6/25
    direito à incorporação, 14/24
    especial, 15/69
    pós-férias, 10/39

Gratificação de Natal
    Incidência da contribuição previdenciária, 2/48

Gratuidade, 10/102

Greve
    Abusividade, 2/78, 3/50
    Advogados públicos, 12/35
    ADIn. Perda de objeto, 7/41
    Atividade essencial. Ausência de negociação, 2/81
    Competência, 17/99
    Defensor Público, 18/81
    Fundação pública, 11/37
    Ofensa reflexa, 5/39
    Mandado de injunção, 7/41
    Médicos, 17/81
    Multa, 2/84, 5/40
    Polícia civil, 12/54, 13/63, 17/85, 18/83
    Polícia militar, 19/122
    Professor, 17/86, 17/87
    Regulamentação, 19/121
    Servidor Público, 2/90, 6/59, 7/41, 9/110, 10/69, 12/35, 12/39, 12/54, 14/51, 14/56, 14/60, 16/65, 18/84, 19/121

Guardador de carros, 17/46

Habeas corpus, 4/77, 6/121, 9/58

Habeas data, 5/194

Homossexual, 7/177, 10/186, 15/98

Honorários
Advocatícios, 13/98
Periciais, 18/108

Horas extras, 13/3, 18/37, 19/74

Idoso, 11/60

Imunidade de jurisdição, 1/40, 6/123, 7/67, 8/58, 13/99, 17/113, 17/129, 17/134

Indenização, 14/22

Infraero, 8/22
IPC de março/90. Incidência. Poupança, 5/195
Julgamento. Paridade, 7/90

Juiz classista, 7/93, 7/105, 7/137

Juros
Taxa de 0,5%, 11/61
Taxa de 12%, 3/121, 4/71, 9/60

Justiça Desportiva, 12/97

Justiça do Trabalho
Competência, 2/108, 3/74, 4/71, 9/53, 9/58, 9/71, 15/62, 17/99
Composição, 4/80
Desmembramento, 4/85
Estrutura, 4/80
Lista de antiguidade, 7/106
Presidente de TRT, 5/197
Servidor estadual celetista, 19/99
V. Poder normativo da Justiça do Trabalho

Legitimidade
Central sindical, 5/35
Confederação sindical, 4/59
Entidade de classe, 9/25
Sindicato. Legitimidade ativa, 4/60, 7/45

Liberdade sindical, 1/49

Desmembramento de sindicato. Alcance do art. 8º, II, da CR/88, 3/64, 3/65, 4/49, 4/50, 4/51, 4/57, 6/67, 9/30, 11/44, 15/53
V. Sindicato
V. Unicidade sindical

Licença-maternidade, 2/50, 15/19, 16/97
Acordo coletivo, 5/23
Contrato por prazo determinado, 16/27
Fonte de custeio, 4/31
Gestante. Estabilidade. Ausência de conhecimento do estado gravídico. Comunicação, 4/28, 6/26, 8/19, 15/19, 16/27
Horas extras, 6/30
Mãe adotiva, 4/32, 6/32, 18/53
Valor, 7/132

Litigância de má-fé, 5/63

Magistrado
Abono variável, 10/118
Adicional por tempo de serviço, 7/108, 10/129, 17/149
Afastamento eventual da Comarca, 8/89
Aposentadoria. Penalidade, 9/90
Aposentadoria. Tempo de serviço, 9/91
Docente. Inexistência de acumulação, 8/90, 9/92
Férias coletivas, 9/93
Idade, 19/128
Justiça desportiva, 12/97
Parcela autônoma de equivalência, 7/109
Promoção por merecimento, 8/99, 17/153
Reajuste de vencimentos, 8/103
Redução de proventos, 10/133
Remoção, 18/126
Responsabilidade civil, 7/122
Tempo de serviço, 9/91, 17/149
Triênio, 9/116, 9/118, 9/120, 9/122, 9/124, 9/126, 9/130, 9/132
Vencimentos, 6/183

Mandado de injunção coletivo. Legitimidade, 6/133

Mandado de segurança coletivo, 8/77, 15/63

Médico
Abandono de emprego, 16/10
Jornada de trabalho, 8/104, 19/130
Programa Mais Médicos, 17/53

Medidas provisórias
ADIn. Reedição. Aditamento à inicial, 3/125
Reedição de Medida Provisória, 2/165
Relevância e urgência, 3/124

Meio ambiente, 10/182, 18/55

Menor, 19/91

Ministério Público
Anotação em CTPS, 19/70
Atuação no STF, 13/131, 13/132
Exercício da advocacia, 14/101
Filiação partidária, 10/139
Interesse coletivo, 6/134
Interesses individuais homogêneos, 7/43
Legitimidade. Ação coletiva, 10/103
Legitimidade. Contribuição assistencial, 8/33

Músicos, 15/21, 18/19

Negativa de prestação jurisdicional. Ausência, 5/70

Negociação coletiva
Governo Estadual. Inconstitucionalidade, 15/55
Reposição de poder aquisitivo, 6/69, 7/40, 9/26
V. Dissídio coletivo

Norma coletiva
Alcance, 2/69
Não adesão ao contrato de trabalho, 11/40
Política salarial, 7/40
Prevalência sobre lei, 5/37
Reajuste, 3/53

Ordem dos Advogados, 10/141, 15/105

Organização internacional
Imunidade de execução, 10/104, 17/134
Imunidade de jurisdição, 13/99, 17/134

P.A.C., 17/137

Pacto de São José da Costa Rica, 7/183, 11/127, 11/129, 11/134, 12/131
V. Tratados internacionais

Participação nos lucros, 12/19

Pensão alimentícia, 19/173

P.D.V., 17/58

Planos econômicos
FGTS. Correção monetária, 4/17
Rescisória. Medida cautelar, 3/90
Violação ao art. 5º, II, da CR/88, 1/17

Poder normativo da Justiça do Trabalho, 6/70
Cláusulas exorbitantes, 10/71
Concessão de estabilidade, 1/76
Conquistas, 1/77
Limitações, 1/74
V. Justiça do Trabalho

Policial militar
Advogado, 18/67
Greve, 19/122
Relação de emprego, 9/20

Portador de necessidades especiais, 6/35

Precatório, 1/106, 2/112, 4/87, 4/96, 5/60, 5/72, 6/145, 7/60, 7/169, 9/62, 11/63, 12/89
Art. 100, § 3º, da Constituição, 6/145, 11/63
Autarquia, 9/62
Correção de cálculos, 8/67
Crédito trabalhista. Impossibilidade de sequestro, 5/72
Instrução normativa n. 11/97-TST. ADIn, 5/75, 7/69
Juros de mora. Atualização, 8/68
Juros de mora. Não incidência, 7/80
Obrigação de pequeno valor. Desnecessidade de expedição, 5/77, 7/71, 9/63
Sequestro, 6/147, 6/148, 7/74, 8/69, 8/71, 8/72, 9/65

Prefeito e Vice-Prefeito
Férias, 13º salário, representação, 15/71

Preposto, 7/85

Prequestionamento, 2/123, 5/79, 6/157, 7/87

Prescrição
Efeitos, 7/88
Execução, 14/76
Extinção do contrato de trabalho, 6/158
Ministério Público. Arguição, 4/100
Mudança de regime, 4/136

Períodos descontínuos, 3/88
Regra geral, 6/160, 10/108
Trabalhador rural, 4/102

Prestação jurisdicional, 2/125

Previdência Complementar, 17/95

Previdência Social, 3/127, 4/173, 5/135, 6/185, 7/129, 9/135, 10/165, 11/117, 12/105, 13/149, 14/109, 15/77, 16/105, 18/135, 19/149
Anulação de aposentadoria, 15/79
Aposentadoria. Complementação. Petrobras, 4/173
Aposentadoria. Férias não gozadas. Indenização indevida, 3/127
Aposentadoria voluntária, 8/114
Assistência social, 5/147
Auxílio-alimentação. Extensão a aposentados, 3/130, 5/143
Benefícios. Impossibilidade de revisão, 3/128, 4/175, 5/152
Benefícios mais vantajosos, 17/160
Cálculo de benefícios, 7/139
Contribuição. Aposentados e pensionistas, 4/177, 5/158, 8/121, 13/154, 15/81
Contribuição para caixa de assistência, 15/81
Direito adquirido. Aposentadoria. Valor dos proventos, 4/178
Gratificação de Natal, 5/135
Trabalhador rural. Pensão por morte, 3/130
União homoafetiva, 15/98
V. Aposentadoria e contrato de trabalho
V. Benefícios previdenciários

Prisão civil, 7/183
Agricultor, 11/127
Depositário infiel, 4/77, 6/212, 11/129, 12/131
Devedor fiduciante, 11/127, 12/131
Leiloeiro, 11/129

Procedimento sumaríssimo, 4/104

Procuração *apud acta*, 4/106

Professor
Aluno-aprendiz, 15/96
Greve, 19/123
Piso e jornada, 12/21, 15/35

Profissional liberal, 16/34

Programa *Mais Médicos*
Ver Médico

Providências exclusivas. Pedido esdrúxulo, 6/226

Radiologista, 14/38, 15/45

Reajuste salarial. Inexistência de direito adquirido, 3/29

Receita sindical
Cobrança de não filiados, 3/59, 6/82
Contribuição assistencial. Despacho em recurso extraordinário, 1/69, 3/56, 5/42, 5/44
Contribuição assistencial. Matéria infraconstitucional, 8/33
Contribuição assistencial. Não associados, 9/28
Contribuição assistencial patronal, 10/60
Contribuição confederativa aplicável para urbanos, 1/67
Contribuição confederativa. Autoaplicabilidade, 2/95, 2/96
Contribuição confederativa. Não associados, 7/39
Contribuição confederativa para associados, 1/66, 6/82
Contribuição confederativa programática para rurais, 1/68, 6/83
Contribuição sindical. Competência, 12/84
Contribuição sindical para servidores públicos, 1/72
Contribuição sindical patronal. Empresas escritas no *Simples*, 3/62
Contribuição sindical rural, 5/44, 6/85, 11/55
Contribuição social, 5/158

Reclamação criada em Regimento Interno, 12/91

Recuperação de empresas, 11/23, 13/33

Recurso administrativo em DRT. Multa, 3/132, 4/179, 15/65

Recurso de revista
Cabimento, 8/75
Pressupostos de admissibilidade, 5/86

Recurso extraordinário
Cabimento, 2/130, 4/108
Decisão de Tribunal Regional, 9/68
Decisão interlocutória, 9/67
Descabimento, 4/109, 6/162, 9/67, 9/68
Prequestionamento, 4/109
Violação do contraditório, 4/122

Recurso impróprio, 8/76

Redutor salarial, 14/100

Regime jurídico único, 12/101

Registro
Profissional, 15/61
Público, 9/70
Sindical, 1/49, 8/35, 14/49, 16/63

Reintegração, 19/114

Repouso semanal remunerado
Alcance do advérbio *preferentemente*. ADIn do art 6º da MP
   n. 1.539-35/97. Art. 7º, XV, da CR/88, 1/29

Responsabilidade do Estado, 8/164

Responsabilidade subsidiária, 7/89, 14/41, 16/39, 16/45, 16/50, 17/65

Salário-família, 16/98

Salário mínimo, 2/55, 3/11, 19/173
ADIn. Omissão parcial. Valor, 7/19
Dano moral. Indenização, 4/33
Engenheiro, 17/48
Fixação por decreto, 15/37
Multa administrativa. Vinculação, 4/34
Pensão especial. Vinculação, 4/35
Salário mínimo de referência, 5/29
Salário mínimo. Vinculação, 12/17, 19/173
Salário profissional. Vedação. Critério discricionário. Aplicação da
   LICC, 4/36
Radiologista, 14/38, 15/45
Vencimento, 5/130
Vencimento básico. Vinculação, 4/37

Segurança, higiene e saúde do trabalhador, 9/100

Segurança pública, 8/164

Seguro-Desemprego, 19/72

SENAR, 19/40

Sentença
Críticas à, 14/71
Estrangeira, 9/156

Serviço militar. Remuneração, 12/27

Serviço público
V. Servidor público
V. Concurso público

Servidor público
Abono de permanência, 19/109
Acumulação de vencimentos, 6/167, 10/151
Admissão antes da CR/88, 2/139
Admissão no serviço público. Art. 37, II da CR/88. Despachos em recursos extraordinários. ADIMC da Medida Provisória n. 1.554/96, 1/91
Admissão sem concurso, 9/35
Agências reguladoras. Pessoal celetista. ADIn, 5/95
Anistia, 2/153, 2/155
Anuênio e Licença-Prêmio, 3/101
Art. 19 do ADCT, 2/163, 8/88
Ascensão funcional, 9/79
Cálculo de vencimentos, 13/140
Competência da Justiça do Trabalho, 4/71, 4/72
Competência da Justiça Federal, 9/94
Concurso Público, 2/148, 3/103, 6/170, 7/94, 8/85
Contraditório, 10/154
Contratação, 11/76
Contratações e dispensas simultâneas, 3/112
Contribuição social, 5/158
Demissão, 9/105
Desvio de função, 5/122, 9/106
Direitos trabalhistas, 16/100
Engenheiro florestal. Isonomia. Vencimento básico. Equivalência ao salário mínimo, 6/171
Estabilidade. Emprego público. Inexistência, 8/87
Estabilidade independentemente de opção pelo FGTS, 3/112, 3/113
Estabilidade. Matéria fática, 7/126
Estabilidade sindical, 5/123, 10/68
Exame psicotécnico. Exigência, 6/176
Exercício da advocacia, 14/101
Férias, 13/139
Gestante, 16/97
Gratificação, 9/109
Greve, 1/86, 2/90, 6/59, 7/41, 9/110, 11/78, 12/35, 14/51, 14/56, 14/60, 16/65
Idade, 9/80, 19/128
Inativos, 7/103, 7/118
Incompetência da Justiça do Trabalho. Art. 114, da CR/88, 1/101, 7/156
Indenização, 19/137

Inexistência de efetividade no cargo, 3/114
Isonomia, 9/81
Jornada de trabalho, 13/143, 19/130
Limite de vencimento, 18/133
Mandato sindical, 18/88
Matrícula em universidade, 18/130
Médico, 8/104, 16/30, 19/130
Mudança de regime, 4/136, 5/125, 10/140
Nomeação, 9/78, 19/137
Ocupante de cargo em comissão, 3/115, 13/139
Oficial de Justiça, 13/143
P.I.P.Q., 7/118
Prestação de serviço. Administração Pública. Art. 19 do ADCT, 4/139
Promoção, 10/146
Quintos e décimos, 10/154
Reajuste de vencimentos de servidores públicos. Art. 39, § 1º, da CR/88, 1/85
Reajuste por ato administrativo, 7/120
Reajuste salarial, 10/159
Regime jurídico único, 12/101
Reintegração, 18/118, 19/114
Remuneração, 19/137
Reserva legal, 5/127, 9/112
Responsabilidade civil do Estado, 6/177
Salário-Família, 16/98
Serventuário de cartório, 4/142, 9/75
Servidor municipal celetista. Aplicação do art. 41 da CR/88, 3/115
Servidor temporário, 7/128, 9/111, 12/65, 16/100
Sociedade de economia mista. Acumulação de cargo público, 4/144, 5/128
Tatuagem, 19/138
Tempo de serviço, 6/178
Tempo de serviço. Adicional por tempo de serviço. Atividade privada, 2/160
Tempo de serviço rural, 7/136
Temporário, 9/111, 11/114, 13/129
Teto constitucional, 19/137
Transferência, 18/130
URV, 4/146
Vantagem *sexta-feira*, 6/181

Vencimentos de magistrados, 6/183
Vencimentos. Publicidade, 19/141
V. Concurso público

Sindicato
ADIN, 19/85
Associação sindical, 14/49
Cadastro sindical, 16/63
Desmembramento, 11/44
Legitimidade. Relação jurídica. Integração profissional, 7/45
Limite de servidores eleitos, 7/45
Representatividade, 9/30
Registro sindical, 18/89
Serviços a terceiros, 5/47
Verbetes do TST, 17/90
V. Liberdade sindical
V. Registro sindical
V. Unicidade sindical

Sistema "S", 16/55

Subsídios, 7/98

Substituição processual
Alcance, 1/55, 7/46, 10/75
Desnecessidade de autorização, 1/62
Empregados de empresa pública, 1/64
Legitimidade, 2/98, 7/46
Servidores do Banco Central do Brasil, 1/65

Súmulas do STF, 7/143, 12/135, 13/159, 14/123, 15/137, 16/125, 17/163, 18/149, 19/174

Sustentação oral, 6/164, 7/53

T.C.U., 19/109, 151

Terceirização, 15/47, 16/39 16/45, 16/50, 17/65, 18/70

Testemunha litigante, 2/131, 3/94, 4/124

Trabalhador rural
Contribuição, 9/146
Funrural, 9/146
Menor de 14 anos, 9/147
Tempo de serviço, 9/147, 13/53

Trabalho artístico, 19/91

Trabalho forçado, 10/40, 13/51, 16/57, 17/74, 19/101

Transcendência, 11/67

Tratados internacionais
Competência para denunciar, 7/34
Hierarquia, 2/59, 12/131
V. Convenção n. 158/OIT
V. Pacto de São José da Costa Rica

Tributação, 10/171

Triênio de atividade jurídica
Liminar concedida, 9/116
Liminar negada, 9/120

Turnos ininterruptos de revezamento
Intervalo. Art. 7º, XIV, da CR/88, 1/23, 2/64, 3/30, 5/30, 6/38, 8/26

Unicidade sindical, 1/52, 2/92, 3/67, 10/76, 10/84, 11/44
V. Liberdade sindical

URV, 4/146

Vale-refeição
Reajuste mensal, 8/28
V. Auxílio-alimentação
V. Previdência Social

Vale-transporte
Pagamento *in pecunia*, 14/116

Vigilantes, 13/59

Violação ao art. 5º, n. II, CR/88, 1/17